企业风险管控
标准体系手册
——以绿色数字供应链评标基地为例

主　编：韩　芸

副主编：王光旸　孙海燕　张洁瑛

　　　　白俊维　李斯仪

经济管理出版社

ECONOMY & MANAGEMENT PUBLISHING HOUSE

图书在版编目（CIP）数据

企业风险管控标准体系手册：以绿色数字供应链评标基地为例/韩芸主编 . —北京：经济管理出版社，2022.9

ISBN 978-7-5096-8738-3

I. ①企… II. ①韩… III. ①企业管理—风险管理—标准体系—手册 IV. ①F272.35-65

中国版本图书馆 CIP 数据核字（2022）第 177553 号

组稿编辑：魏晨红
责任编辑：杜　菲
责任印制：黄章平
责任校对：张晓燕

出版发行：经济管理出版社
　　　　　（北京市海淀区北蜂窝 8 号中雅大厦 A 座 11 层　100038）
网　　址：www.E-mp.com.cn
电　　话：（010）51915602
印　　刷：北京市海淀区唐家岭福利印刷厂
经　　销：新华书店
开　　本：720mm×1000mm/16
印　　张：18.5
字　　数：321 千字
版　　次：2022 年 10 月第 1 版　　2022 年 10 月第 1 次印刷
书　　号：ISBN 978-7-5096-8738-3
定　　价：88.00 元

编写组成员

（排名不分先后）

前　言

国家电网有限公司（以下简称国网公司）蟒山评标基地与白广路评审中心（以下简称"一基地一中心"）共同编制了《企业风险管控标准体系手册——以绿色数字供应链评标基地为例》（以下简称《手册》），是为了遵循国家相关法律法规，满足国务院国有资产监督管理委员会、财政部等监管机构的部门规章及规范要求，以及上级单位对内部控制的监管要求，进一步完善现代企业制度和法人治理结构，确保"一基地一中心"各项工作规范有序运行，减少或规避风险，提高"一基地一中心"的经营管理水平。

通过编制《手册》，建立了一套建设科学、系统的内部控制体系的方法和规范，为指导企业开展全面风险和内部控制管理工作，进一步提高企业管理水平，增强企业竞争力，为"一基地一中心"的持续、稳定、健康发展奠定了坚实的基础。

《手册》分为两部分：第一部分为风险管控标准体系，共包括11章，第一章至第四章是理论部分，介绍了"一基地一中心"的内部控制基本情况、内部控制要素、组织机构与权责、术语与说明等内容；第五章至第十一章是实践部分，总结了每不同业务的流程与控制矩阵，包括流程步骤、涉及层级、责任岗位、流转资料、风险点名称、评价标准等内容，系统梳理了各业务领域的主要风险及关键控制内容，提出了风险管理与内部控制要求。第二部分为应急预案，共包括6章，为了预防和减少"一基地一中心"突发事件的发生，控制、减轻和尽量消除突发事件导致的严重危害，规范突发事件应对活动，梳理归纳了自然灾害类、事故灾难类、公共卫生事件类、社会安全事件类等17个突发事件的应急预案。

本书在编写过程中得到了公司各级领导的大力支持，以及公司本部和"一基地一中心"的财务、业务专家的悉心指导，在此表示衷心感谢！

由于"一基地一中心"业务不断优化，书中内容难免有疏漏或不妥之处，敬请读者不吝指正！

目 录

第二部分 应急预案

第一部分　风险管控标准体系

第一章 总则

一、"一基地一中心" 内控体系概况

（一）基本情况介绍

为深入贯彻国网公司全面推进现代智慧供应链体系建设与深化应用的决策部署，以服务国家电网建设、保障物资采购与供应为目标，进一步优化委托运营管理模式，建立了国网公司蟒山评标基地与白广路评审中心（以下简称"一基地一中心"），全面提升评标基地评审中心的保障能力和服务水平，有力支撑招标代理、物资供应等现代智慧供应链运营业务。

根据国网公司关于加强全面风险管理和内部控制体系建设与运行的要求，紧紧围绕"强内控、防风险、促合规"总体目标，结合"一基地一中心"行业及业务特点，建立了标准科学、管控规范的内部控制体系。"一基地一中心"以全面风险管理为总体统领，以内外部监督评价为管理驱动，以关键领域风险管控为重点，以内控信息化建设为技术支撑，健全内控机制保障，夯实管理基础，通过重预防、定制度、抓执行、强监督、细评价等内控全流程管控措施，不断完善内控体系建设，提升管理成效，全面提升"一基地一中心"在国家电网建设、物资采购与供应方面的保障能力和服务水平，为建设具有中国特色、国际领先的能源互联网企业做出贡献。

（二）内控体系架构及履职情况

1. 风险、内控体系架构与履职情况

"一基地一中心"成立了全面风险管理委员会（内部控制委员会、合规管理委员会）（以下简称风委会），由总经理任组长，副总经理、财务总监任副组长，

各处室主要负责人为成员。

（1）"一基地一中心"贯彻落实国网公司及上级单位党组（委）决策部署，高度重视内控体系建设与监督工作，积极开展全面风险管理与内部控制体系运行的各项工作。

（2）设立风委会，实现内部控制委员会与合规管理委员会合署办公和整合优化。风委会统筹协调和研究推进全面风险管理各项重点工作，及时有效管控和规避重大风险。

（3）风委会下设全面风险管理与内部控制办公室（以下简称风控办），组织各处室和子公司开展年度重大风险评估、内部控制管理手册、风险管理与内部控制操作指南、内部控制体系工作报告等的编制工作，并按期开展重大风险季度跟踪监测，积极推动开展重点领域专项排查及治理工作，并逐项推进整改落实，实现重大风险的可控和在控。

（4）为更好地配合风控办的日常工作，建立内部控制工作联系制度，各处室、子公司均配备了以处室（公司）负责人、内设机构处长、专责为主的兼职内控管理人员，对风控办的日常工作起到了有力支撑和紧密配合的作用。

2. 内控制度建设及执行情况

（1）切实做好制度评估与修订。基于内控合规管理需要，"一基地一中心"梳理制度建设清单，根据制度修订计划，围绕"三重一大"、合规管理等重点领域制定多项制度，建立健全内部控制监管体系。

（2）科学应用内控管理评价标准。以《国家电网有限公司全面风险管理与内部控制办法》《国家电网有限公司合规管理办法》为基础，执行及应用国网公司关于内控缺陷认定、风险评估、合规评价的通用标准，结合行业及业务实际情况定期对"一基地一中心"内控缺陷、重大风险、合规风险进行评估。

3. 内控信息化建设情况

（1）信息化管控排查有效推进。"一基地一中心"全面梳理各类各项业务流程，重点摸排重要领域和关键环节的信息化管控现状，深入开展信息化管控梳理和排查工作，加强源头治理和过程管控，重点开展网络与信息安全排查工作，消除了安全风险与隐患。

（2）内控体系信息化管控取得成效。

1）应用库存物资管理系统。为了确保物资管理更加规范，避免在流程上存在管控风险，在物资管理方面应用了"一基地一中心"的库存物资管理系统，该系统的应用确保了物资管理信息的全程管控。

2）应用智慧评标管理系统。实现专家人脸数据采集、身份比对核验、体温自动测量、自助存取物品、智能分配入住线上一站完成，专家考勤自动记录并核算专家咨询费，建成评标会议全流程管理体系，线上固化120项工作标准、25项跨部门关键节点，全面融合评标会议管理全流程工作内容，实现评标现场管理业务流程化、流程智能化、规则信息化。

3）应用酒店管理系统。方便、快捷的客房预订及会议流程，完善的配套服务功能，统一的模糊查询、组合查询，短命令实现全程快捷键操作（一键入住、一键结账）；钟点房管理实现智能锁房、房间冲突警告，防止重复售房；账务处理画面集中直观，跨站点消费，统一核算结账。

4）实行客房清洁在线管理。对客房清洁工作流程进行在线管理，通过智能排班，使员工在第一时间掌握住店客人的相关信息，并使客房中心的日常工作流程更快捷，为宾客提供更人性化的服务；实现报房、查房、修改房态、客房计件制绩效及相关宾客用品使用数量在线统计等操作，根据相关数据自动生成报表并统计汇总，提升数据信息统计效率。

二、编制目的

"一基地一中心"为提高内部控制管理水平，适应外部监管要求，特编制了《内部控制管理手册》，作为建立、执行、评价及验证内部控制的依据。

《手册》的建立完善"一基地一中心"内部控制制度，进一步规范"一基地一中心"内部各个管理层次相关业务流程，分解和落实责任，控制"一基地一中心"风险，保证"一基地一中心"的经营管理合法合规、资产安全、财务报告及相关信息的真实完整，提高经营效率和效果，最终形成具有自身特色的企业文化，并促进"一基地一中心"发展战略的实现。

三、编制原则

①全面性原则。内部控制应当贯穿决策、执行和监督全过程，覆盖"一基地

一中心"的各种业务和事项。②重要性原则。内部控制应当在全面控制的基础上，关注重要业务事项和高风险领域。③制衡性原则。内部控制应当在治理结构、机构设置及权责分配、业务流程等方面相互制约、相互监督，同时兼顾运营效率。④适应性原则。内部控制应当与企业经营规模、业务范围、竞争状况和风险水平等相适应，并根据情况的变化及时加以调整。⑤成本效益原则。内部控制应当权衡实施成本与预期效益，以适当的成本实现有效控制。

四、编制依据

《手册》在编制过程中参考了国际、国内通行的内部控制标准、COSO 内部控制框架，充分贯彻落实中华人民共和国财政部、中国证券监督管理委员会、中华人民共和国审计署、中国银行业监督管理委员会、中国保险监督管理委员会联合发布的《企业内部控制基本规范》（财会〔2008〕7 号）及其配套指引（财会〔2010〕11 号），从内部环境、风险评估、控制活动、信息和沟通以及内部监督五要素进行阐述。

第二章 内部控制要素

一、内部环境

内部环境是企业实施内部控制的基础，一般包括治理结构、机构设置及权责分配、内部审计、人力资源政策、企业文化等。

企业应当根据国家有关法律法规和企业章程，建立规范的企业治理结构和议事规则，明确决策、执行、监督等方面的职责权限，形成科学有效的职责分工和制衡机制。

企业应当结合业务特点和内部控制要求设置内部机构，明确职责权限，将权利与责任落实到各责任单位。企业应当通过编制内部管理手册，使全体员工掌握内部机构设置、岗位职责、业务流程等情况，明确权责分配，正确行使职权。

企业应当加强内部审计工作，保证内部审计机构设置、人员配备和工作的独立性。

企业应当制定和实施有利于企业可持续发展的人力资源政策。企业应当将职业道德修养和专业胜任能力作为选拔和聘用员工的重要标准，切实加强员工培训和继续教育，不断提升员工素质。

企业应当加强文化建设，培育积极向上的价值观和社会责任感，倡导诚实守信、爱岗敬业、开拓创新和团队协作精神，树立现代管理理念，强化风险意识。

企业应当加强法制教育，增强董事、监事、经理及其他高级管理人员和员工的法制观念，严格依法决策、依法办事、依法监督，建立健全法律顾问制度和重大法律纠纷案件备案制度。

二、风险评估

风险评估是企业及时识别、系统分析经营活动中与实现内部控制目标相关的风险，合理制定风险应对策略。

企业应当根据设定的控制目标，全面系统持续地收集相关信息，结合实际情况，及时进行风险评估。企业开展风险评估应当准确识别与实现控制目标相关的内部风险和外部风险，确定相应的风险承受度。风险承受度是企业能够承担的风险限度，包括整体风险承受能力和业务层面的可接受风险水平。

企业应当采用定性与定量相结合的方法，按照风险发生的可能性及其影响程度等，对所识别的风险进行分析和排序，确定关注重点和优先控制的风险。企业进行风险分析，应当充分吸收专业人员，组成风险分析团队，按照严格、规范的程序开展工作，确保风险分析结果的准确性。

企业应当根据风险分析的结果，结合风险承受度，权衡风险与收益，制定风险应对策略。

企业应当合理分析、准确掌握经营管理层及其他高级管理人员、关键岗位员工的风险偏好，采取适当的控制措施，避免因个人风险偏好给企业经营带来重大损失。

企业应当综合运用风险规避、风险降低、风险分担和风险承受等风险应对策略，实现对风险的有效控制。

风险规避是企业对超出风险承受度的风险，通过放弃或者停止与该风险相关的业务活动以避免和减轻损失的策略。

风险降低是企业在权衡成本效益后，准备采取适当的控制措施降低风险或者减轻损失，将风险控制在风险承受度之内的策略。

风险分担是企业准备借助他人力量，采取业务分包、购买保险等方式和适当的控制措施，将风险控制在风险承受度之内的策略。

风险承受是企业对风险承受度之内的风险，在权衡成本效益后，不准备采取控制措施降低风险或者减轻损失的策略。

企业应当结合不同发展阶段和业务拓展情况，持续收集与风险变化相关的信息，进行风险识别和风险分析，及时调整风险应对策略。

三、控制活动

控制活动是企业根据风险评估结果，采用相应的控制措施将风险控制在可承受度之内。

企业应当结合风险评估结果，通过手工控制与自动控制、预防性控制与发现性控制相结合的方法，采取相应的控制措施将风险控制在可承受度之内。控制措施一般包括不相容职务分离控制、授权审批控制、会计系统控制、财产保护控制、预算控制、运营分析控制和绩效考评控制等。

不相容职务分离控制指全面系统地分析、梳理业务流程中所涉及的不相容职务，实施相应的分离措施，形成各司其职、各负其责、相互制约的工作机制。

授权审批控制指根据常规授权和特别授权的规定，明确各岗位办理业务和事项的权限范围、审批程序和相应责任。

会计系统控制指按照国家统一的会计准则编制内部会计制度，加强会计基础工作，明确会计凭证、会计账簿和财务报告的处理程序，并有效控制与此相关的信息系统，保证会计资料真实、完整。

财产保护控制指建立财产日常管理制度和定期清查制度，做好财产记录、实物保管、定期盘点、账实核对等工作，确保财产安全。

计划控制指各级管理部门根据专业管理目标，结合市场和内部资源作出合理预测，通过年度、季度、月度等计划形式加以约束，履行控制职能。

预算控制指明确各责任单位在预算管理中的职责权限，规范预算的编制、审定、下达和执行程序，强化预算约束。

合同管理控制指通过推行合同示范文本，规范合同审批、签署、履行、监督等程序，合理约束生产经营活动。

资金支付控制指通过资金集中管理，资金支付审核、审批等方式，履行财务监督职能，保证资金支付安全。

信息技术控制指通过信息系统各种功能的有效应用，对相关业务实现自动控制。

运营分析控制指建立经济活动分析制度，综合运用生产、购销、投资、筹资、财务等方面的信息，通过因素分析、对比分析、趋势分析等方法定期开展经济活动分析，发现问题，及时查明原因并加以改进。

绩效考评控制指建立和实施绩效考评制度，科学设置考核指标体系，对内部各责任单位和全体员工的业绩进行定期考核和客观评价，将考评结果作为确定员工薪酬以及职务晋升、评优、降级、调岗、辞退等的依据。

企业应当根据内部控制目标，结合风险应对策略，综合运用控制措施，对各种业务和事项实施有效控制。

企业应当建立重大风险预警机制和突发事件应急处理机制，明确风险预警标准，对可能发生的重大风险或突发事件制定应急预案、明确责任人员、规范处置程序，确保突发事件得到及时妥善处理。

四、信息与沟通

信息与沟通是企业及时、准确地收集、传递与内部控制相关的信息，以确保信息在企业内部、企业与外部之间进行有效沟通。

企业应当建立信息与沟通制度，明确内部控制相关信息的收集、处理和传递程序，确保信息及时沟通，促进内部控制有效运行。

企业应当对所收集的各种内部信息和外部信息进行合理筛选、核对、整合，以提高信息的有用性。

企业应当将内部控制相关信息在企业内部各管理级次、责任单位、业务环节之间，以及企业与外部投资者、债权人、客户、供应商、中介机构和监管部门等有关方面之间进行沟通和反馈。在信息沟通过程中发现的问题应当及时报告并加以解决，重要信息应当及时传递给经理层。

企业应当利用信息技术促进信息的集成与共享，充分发挥信息技术在信息与沟通中的作用。企业应当加强对信息系统的开发与维护、访问与变更、数据输入与输出、文件储存与保管、网络安全等方面的控制，保证信息系统安全稳定运行。

企业应当建立反舞弊机制，坚持惩防并举、重在预防的原则，明确反舞弊工作的重点领域、关键环节和有关机构在反舞弊工作中的职责权限，规范舞弊案件的举报、调查、处理、报告和补救程序。

企业应当建立举报投诉制度和举报人保护制度，设置举报专线，明确举报投诉处理程序、办理时限和办结要求，确保举报、投诉成为企业有效掌握信息的重要途径。举报投诉制度和举报人保护制度应当及时传达至全体员工。

五、内部监督

内部监督是企业对内部控制建立与实施情况进行监督检查，评价内部控制的有效性，发现内部控制缺陷应当及时加以改进。

企业应当根据《企业内部控制基本规范》及其配套办法，制定内部控制监督制度，明确内部审计机构（或经授权的其他监督机构）和其他内部机构在内部监督中的职责权限，规范内部监督的程序、方法和要求。

内部监督分为日常监督和专项监督。日常监督是指企业对建立与实施内部控制的情况进行常规、持续的监督检查；专项监督是指在企业发展战略、组织结构、经营活动、业务流程、关键岗位员工等发生较大调整或变化的情况下，对内部控制的某一方面或者某些方面进行有针对性的监督检查。专项监督的范围和频率应当根据风险评估结果以及日常监督的有效性等予以确定。

企业应当制定内部控制缺陷认定标准，对监督过程中发现的内部控制缺陷应当分析缺陷的性质和产生的原因，提出整改方案，采取适当的形式及时向经理层报告。内部控制缺陷包括设计缺陷和运行缺陷。企业应当跟踪内部控制缺陷整改情况，并就内部监督中发现的重大缺陷，追究相关责任人的责任。

企业应当结合内部监督情况，定期对内部控制的有效性进行自我评价，出具内部控制自我评价报告。内部控制自我评价的方式、范围、程序和频率由企业根据经营业务调整、经营环境变化、业务发展状况、实际风险水平等自行确定。国家有关法律法规另有规定的，从其规定。

企业应当以书面或者其他适当的形式妥善保存内部控制建立与实施过程中的相关记录或者资料，确保内部控制建立与实施过程的可验证性。

第三章　组织机构与权责

一、组织机构

为了加强组织领导，积极、稳妥地推进"一基地一中心"内部控制体系的贯彻实施，确保内部控制体系实施工作顺利开展，"一基地一中心"成立了全面风险管理委员会，下设内部控制委员会负责企业内部控制体系建设的整体规划和工作协调。财务资产处牵头负责全面风险和内部控制相关工作，各职能部门参与实施。

二、职责范围

（一）内部控制委员

贯彻落实国家相关部委、国网公司及国网物资有限公司关于企业全面风险管理、内部控制与合规管理各项政策要求，研究和统筹"一基地一中心"内部控制建设，组织开展过程管控，审议年度全面风险管理报告、内部控制评价报告，组织开展内部控制相关培训，培育企业风险管理文化。

（二）财务资产处

内部控制委员会办公室设在财务资产处，牵头负责全面风险和内部控制相关工作，主要职责如下：①负责制（修）订"一基地一中心"风险内部控制、合规管理规章制度；②编制风险管理、内部控制管理和合规管理年度工作报告；③

组织各处室健全完善风险、内部控制及合规管理体系，协调解决工作中的重要事项；④组织开展年度风险评估、内部评价与合规管理，推动"一基地一中心"风险治理，组织协调重大风险与关键领域风险防范；⑤推动开展风险内部控制合规培训，加强风险控制合规队伍建设，培育企业风险控制合规管理文化；⑥完成内部控制委员会交办的其他事项。

（三）各职能部门

"一基地一中心"各处室明确 1 名全面风险工作人员，从事内部控制相关工作，并负责联系牵头处室。主要职责如下：①贯彻执行《内部控制管理手册》及其他内部控制相关制度；②树立良好的内部控制意识，积极培养内部控制文化；③配合内部控制主责部门完成日常的内部控制工作；④配合内部控制主责部门进行内部控制评价工作，对所发现的内部控制缺陷制定有效的整改措施并落实执行；⑤配合内部控制主责部门完成其他内部控制工作。

三、手册执行与更新

《手册》作为"一基地一中心"开展具体工作的准则和指南，具有约束性。一经发布，"一基地一中心"各级员工应遵照《手册》要求执行相关工作要求，规范开展内部控制工作。

财务资产处作为《手册》管理与维护的归口部门，原则上根据年度内部控制实际情况，每年开展一次评估，并根据需要进行更新。更新资料主要来源于："一基地一中心"决策层、管理层及各处室对内部控制的要求及建议、"一基地一中心"各处室的管理实践、年度内部控制评价结果。持续修订、完善和更新后的《内部控制管理手册》作为"一基地一中心"沉淀优秀管理经验、新标准化管理和实现管理样板性目标的重要工具之一，经"一基地一中心"内部控制委员会审批后正式生效。

第四章　术语与说明

一、控制活动分类

（一）按控制活动的目标分类

按照控制活动的目标，控制活动可分为资产安全目标控制活动、经营目标控制活动、报告目标控制活动及合法合规性目标控制活动。

资产安全目标控制活动指能够满足战略目标的控制活动。

经营目标控制活动指能够满足经营活动效率与效果目标的控制活动。

报告目标控制活动指能够满足财务信息目标的控制活动。

合法合规性目标控制活动指能够满足合规性目标的控制活动。

（二）按控制活动的手段分类

按照控制活动的手段，控制活动可分为人工控制、手动依赖 IT 控制及自动控制。

人工控制是以人工方式执行的控制，它不依赖信息系统控制。

手工依赖 IT 控制是以人工方式在信息系统执行的控制，信息系统不能完全自动控制。

自动控制是完全由信息系统执行的控制。

二、业务流程图例说明

要素名称	符号	符号说明	备注
开始/结束		此符号可出现在流程中的起点和终点	放置在每个流程的开始和结束时
流程步骤（非系统）	流程步骤	流程执行过程中，非信息系统支撑的环节	为明确业务执行逻辑，此符号前后的连线需要保证单线进单线出
岗位	岗位名称	描述流程中的各环节执行岗位	放置在流程步骤的右边
风险点	R1 C1	控制点标识	放置在相关步骤环节符号的左下角，编码以内部控制矩阵为准
流转资料	表单	流程执行过程中，流转资料的表单或文件名，如招聘计划、发货单、审批单等	名称以实际实施文件名称为准，放置在流程环节左侧
页面链接		此符号表示两页的链接	编码：启下、承上
连接线		此符号表示流程中各种对象间的连接关系。含箭头表示有方向（如流程步骤连线有先后顺序，连线有箭头），无箭头表示无方向（如流程环节匹配的角色连线没有箭头）	在选中指定过滤器建模时，对象间的连线关系一般是预定义的，无须再进行选择

第五章　业务流程内部控制

一、全业务流程框架

序号	一级流程编号	一级流程名称	二级流程编号	二级流程名称	末级流程编号	末级流程名称
1	ZH	综合管理	ZH-01	日常行政事务	ZH-01-01	印章启用管理
2					ZH-01-02	印章使用管理
3					ZH-01-03	"三重一大"事项管理
4			ZH-02	人力资源管理	ZH-02-01	组织机构设置管理
5					ZH-02-02	岗位设置管理
6					ZH-02-03	休假管理
7					ZH-02-04	招聘管理
8					ZH-02-05	入职管理
9					ZH-02-06	绩效考核与薪酬管理
10					ZH-02-07	临时用工管理
11			ZH-03	党委党建工作管理	ZH-03-01	党员管理
12					ZH-03-02	组织生活管理
13			ZH-04	宣传管理	ZH-04-01	宣传管理
			ZH-05	审计事务管理	ZH-05-01	迎审与问题整改管理

续表

序号	一级流程编号	一级流程名称	二级流程编号	二级流程名称	末级流程编号	末级流程名称
14			CW-01	预算管理	CW-01-01	全面预算编制与审批管理
15					CW-01-02	预算下达分解管理
16					CW-01-03	日常预算调整管理
17			CW-02	会计核算	CW-02-01	员工借款管理
18					CW-02-02	往来核算管理
19					CW-02-03	会计档案管理管理
20					CW-02-04	年终决算报表填报管理
21	CW	财务管理	CW-03	资金管理	CW-03-01	银行账户设立管理
22					CW-03-02	银行账户变更管理
23					CW-03-03	银行账户撤销管理
24					CW-03-04	银行预留印鉴管理
25					CW-03-05	现金盘点管理
26					CW-03-06	资金支付（费用报销）管理
27			CW-04	税务管理	CW-04-01	增值税纳税申报管理
28					CW-04-02	企业所得税纳税申报管理
29					CW-04-03	个人所得税代扣代缴管理
30					CW-04-04	印花税计提及缴纳管理
31			WZ-01	采购管理	WZ-01-01	采购计划管理
32					WZ-01-02	采购实施管理
33					WZ-01-03	合同审核与签署管理
34			WZ-02	实物管理	WZ-02-01	固定资产新增管理
35					WZ-02-02	无形资产新增管理
36	WZ	物资管理			WZ-02-03	低值易耗品新增管理
37					WZ-02-04	固定资产报废管理
38					WZ-02-05	固定资产盘点管理
39			WZ-03	仓储管理	WZ-03-01	入库出库管理管理
40			WZ-04	车辆管理	WZ-04-01	用车计划申请管理
41					WZ-04-02	车辆保养维护管理

续表

序号	一级流程编号	一级流程名称	二级流程编号	二级流程名称	末级流程编号	末级流程名称
42					AQ-01-01	出入管理
43	AQ	安全管理	AQ-01	安全生产管理	AQ-01-02	施工现场日常安全检查管理
44					AQ-01-03	劳保用品采购与发放管理
45					AQ-01-04	消防中控室接报警管理
46			FW-01	业务服务质量管理	FW-01-01	会务接待与服务管理
47	FW	服务质量管理	FW-02	餐饮服务质量管理	FW-02-01	食材采购与菜品制作管理
48			FW-03	客房服务质量管理	FW-03-01	布草清洗与发放管理
49					FW-03-02	客房日常保洁管理
50					YX-01-01	日常维修管理
51					YX-01-02	定期专项检修管理
52	YX	运行维护管理	YX-01	运维检修与施工建设管理	YX-01-03	生活缴费管理（水费、电费、燃气费、暖气费、有线电视费管理）
53					YX-01-04	工程施工管理

二、授权事项

《手册》根据"一基地一中心"各末级流程共梳理出 65 个授权事项（详见附录），并编订授权事项列表，内容主要包括授权事项名称、授权标准、授权标准属性、是否属于重要决策事项、重要决策事项类型、重要决策事项小项、被授权主体七项。

第六章　综合管理

一、综合管理流程目录

序号	二级流程编号	二级流程名称	末级流程编号	末级流程名称
1			ZH-01-01	印章启用管理
2	ZH-01	日常行政事务	ZH-01-02	印章使用管理
3			ZH-01-03	"三重一大"事项管理
4			ZH-02-01	组织机构设置管理
5			ZH-02-02	岗位设置管理
6			ZH-02-03	休假管理
7	ZH-02	人力资源管理	ZH-02-04	招聘管理
8			ZH-02-05	入职管理
			ZH-02-06	绩效考核与薪酬管理
9			ZH-02-07	临时用工管理
10	ZH-03	党委党建工作管理	ZH-03-01	党员管理
11			ZH-03-02	组织生活管理
12	ZH-04	宣传管理	ZH-04-01	宣传管理
13	ZH-05	审计事务管理	ZH-05-01	迎审与问题整改管理

二、流程图与控制矩阵

（一）日常行政事务管理

1. 印章启用管理流程

（1）流程图。

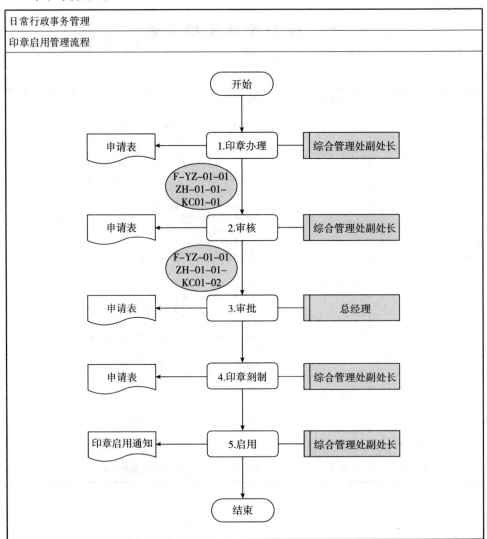

（2）流程信息表。

步骤序号	流程步骤	步骤说明	涉及层级	责任岗位	流转资料（评价证据）
1	印章办理	综合管理处根据工作需要和上级文件，依照相关规定办理印章刻制	"一基地一中心"相关处室	综合管理处副处长	申请表
2	审核	综合管理处负责人审核印章内容的准确性和有效性	"一基地一中心"相关处室	综合管理处副处长	申请表
3	审批	总经理审核，批准后刻制印章	"一基地一中心"相关处室	总经理	申请表
4	印章刻制	依照相关文件规定，确保刻制印章的准确性	"一基地一中心"相关处室	综合管理处副处长	申请表
5	启用	综合管理处发布印章启用通知，说明启用日期、截止日期、发放处室和印章归口管理处室，并以印模形式公布	"一基地一中心"相关处室	综合管理处副处长	印章启用通知

（3）控制矩阵。

控制目标				步骤编号	风险点名称	控制点编号	评价标准			控制证据	控制方式	涉及系统	控制频率	制度索引
资产安全	经营目标	报告目标	合法合规				控制点名称	控制点描述						
			√	2	刻章不合规风险	ZH-01-01-KC01-01	印章内容准确性控制	综合管理处负责人在印章刻制前进行审核确认，要求刻章公司先在电脑中拍电子版图样，待综合管理处审核无误后再进行刻制		申请表	手工控制	/	不定期	《国网物资有限公司印章管理实施细则》
			√	3	刻章不合规风险	ZH-01-01-KC01-02	印章内容准确性控制	"一基地一中心"总经理对综合管理处提交的印章办理申请进行审核		申请表	手工控制	/	不定期	

2. 印章使用管理流程

（1）流程图。

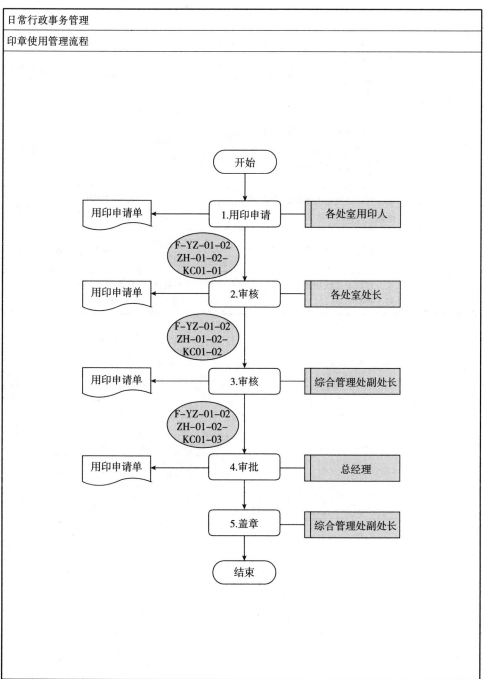

| 日常行政事务管理 |
| 印章使用管理流程 |

（2）流程信息表。

步骤序号	流程步骤	步骤说明	涉及层级	责任岗位	流转资料（评价证据）
1	用印申请	用印人说明用印事由，填写《用印申请单》，主要内容包括申请用印部门、经办人、用印文件题目、用印种类、用印数等。提交用印人所在处室审核	"一基地一中心"	各处室用印人	《用印申请单》
2	审核	用印处室负责人对《用印申请单》进行审核，确保用印事项真实有效，审批程序的合规性，签字确认后提交综合管理处	"一基地一中心"	各处室处长	《用印申请单》
3	审核	综合管理处负责人审核印章使用事由的准确性与合理性	"一基地一中心"	综合管理处副处长	《用印申请单》
4	审批	分管领导审核《用印申请单》	"一基地一中心"	总经理	《用印申请单》
5	盖章	综合管理处确认用章的相关手续和文件类型正确后盖章	"一基地一中心"	综合管理处副处长	—

（3）控制矩阵。

控制目标				步骤编号	风险点名称	控制点编号	评价标准			控制证据	控制方式	涉及系统	控制频率	制度索引
资产安全	经营目标	报告目标	合法合规				控制点名称	控制点描述						
			√	2	用印不合规风险	ZH-01-02-KC01-01	用印真实性、合规性控制	用印处全负责人对《用印申请单》进行审核，确保用印事项真实有效，审批程序的合规性，签字确认后提交综合管理处		《用印申请单》	手工控制	/	不定期	
			√	3	用印不合规风险	ZH-01-02-KC01-02	用印真实性、合规性控制	综合管理处负责人对《用印申请单》进行审核，确保用印事项真实有效，审批程序的合规性，签字确认后提交分管领导审核		《用印申请单》	手工控制	/	不定期	《国网物资有限公司印章管理实施细则》
			√	4	用印不合规风险	ZH-01-02-KC01-03	用印真实性、合规性控制	综合管理处分管领导对《用印申请单》审核，确保用印事项真实有效，审核用印的合规性、审批程序的合规性，审核无误后签字		《用印申请单》	手工控制	/	不定期	

3. "三重一大"事项管理流程

（1）流程图。

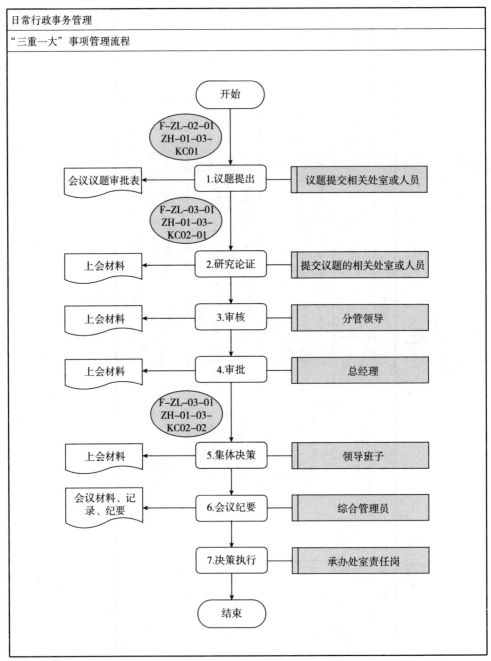

（2）流程信息表。

步骤序号	流程步骤	步骤说明	涉及层级	责任岗位	流转资料（评价证据）
1	议题提出	"三重一大"事项根据其决策范围，由以下方式确定：①支委会议题由党支部书记确定，或由其他支委委员、各处室建议提出，经党支部书记同意后确定。②总经理办公会议题由有关处室提出，经分管领导审核、总经理同意后确定	"一基地一中心"	议题提交相关处室或人员	会议议题审批表
2	研究论证	重大事项提交决策会议前，要进行深入调查研究论证，会前广泛吸收各方面意见，必要时开展相关审核和评估	"一基地一中心"	提交议题的相关处室或人员	上会材料
3	审核	材料起草处室形成会议材料后提交分管领导把关	"一基地一中心"	分管领导	上会材料
4	审批	会议材料经主要领导（党支部书记、总经理）审核通过后方可上会	"一基地一中心"	总经理	上会材料
5	集体决策	组织召开支委会或总经理办公会，对相关议题进行讨论决策。会议召开符合应到会人数的2/3及以上要求方可召开。与会人员要充分讨论并分别发表意见，会议主持领导应当最后发表结论性意见。会议研究多个事项时应逐项研究决定	"一基地一中心"	领导班子	上会材料
6	会议纪要	综合管理处负责会议记录，会后形成会议纪要，经综合管理处负责人审核后报会议主持领导审定、签发。会议材料、记录、纪要按照有关规定妥善保管	"一基地一中心"	综合管理员	会议材料、记录、纪要
7	决策执行	决策会议议定的事项，按照集体领导、分工负责的原则，由分管领导牵头，由承办处室负责贯彻执行	"一基地一中心"	承办处室责任岗	—

（3）控制矩阵。

| 控制目标 | | | | 步骤编号 | 风险点名称 | 控制点编号 | 评价标准 | | | 控制证据 | 控制方式 | 涉及系统 | 控制频率 | 制度索引 |
资产安全	经营目标	报告目标	合法合规				控制点名称	控制点描述						
	√		√	1	战略制定风险	ZH-01-03-KC01	发展规划合理性控制	综合管理处初步制订发展计划，总经理办公会审议。主要审议规划的科学性和合理性，把好关，使之反映规划要求。审查包括划边界条件，指标体系是否符合要求，重点要审查总体规划、专项规划和目标分解得当，审核规划是否合理，发展规划的科学性和目标合理性，能否支撑发展规划报告定稿，通过形成发展规划报告审定稿		会议议题审批表	手工控制	/	不定期	《国家电网有限公司总部"三重一大"决策管理办法》（国家电网党〔2019〕145号）《国家电网公司基层党委工作规则（试行）》（国网党〔2017〕53号）《关于进一步推进国有企业贯彻落实"三重一大"决策制度的意见》（中办发〔2010〕17号）
	√		√	2	决策无效风险	ZH-01-03-KC02-01	议题科学、合理性控制	重大事项提交决策会前要进入调查研究论证，会前广泛吸收各方面意见，必要时开展相关审核和评估		上会材料	手工控制	/	不定期	
	√		√	5	决策无效风险	ZH-01-03-KC02-02	议题科学、合理性控制	重大事项提交决策会前要进入调查研究论证，会前广泛吸收各方面意见，必要时开展相关审核和评估		会议议题审批表、上会材料	手工控制	/	不定期	

（二）人力资源管理

1. 组织机构设置管理流程

（1）流程图。

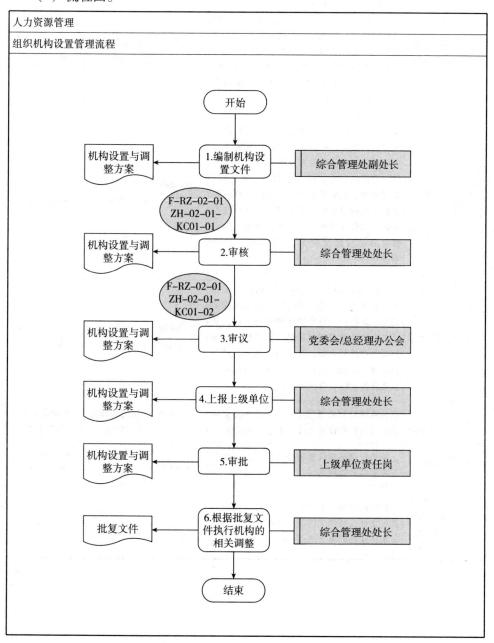

（2）流程信息表。

步骤序号	流程步骤	步骤说明	涉及层级	岗位名称	流转资料（评价证据）
1	编制机构设置文件	综合管理处根据集体企业相关人力资源制度结合实际情况，编制机构设置文件，包括机构名称、机构内岗位名称及数量、设置方式、设置原因、人员配置等内容，编制依据重点是机构设置的必要性、可行性等方面，与相关人员进行沟通，提出修改意见后提交分管领导	"一基地一中心"	综合管理处副处长	机构设置与调整方案
2	审核	分管领导接收综合管理处提交的机构设置文件后，根据"一基地一中心"相关人力资源制度，对机构设置文件中涉及制度名称、处室内岗位名称及数量、设置方式、设置原因、人员配置等内容进行审核，重点审核机构设置业务的必要性、可行性等方面，与相关处室、人员进行沟通，提出修改意见后提交党委会/总经理办公会审议	"一基地一中心"	综合管理处处长	机构设置与调整方案
3	审议	党委会/总经理办公会接收机构设置文件后，根据"一基地一中心"人力资源相关制度，对机构设置申请文件进行审议，重点关注机构设置的可行性、重要性、合规性及合理性等方面，提出修改意见，经参会领导一致通过后，将审议通过的机构设置文件提交综合管理处人资岗	"一基地一中心"	党委会/总经理办公会	机构设置与调整方案
4	上报上级单位	综合管理处接收党委会/总经理办公会审议通过的机构设置文件，上报上级单位	"一基地一中心"	综合管理处处长	机构设置与调整方案
5	审批	上级单位对机构设置申请文件进行审批后下发至综合管理处	上级单位	上级单位责任岗	机构设置与调整方案
6	根据批复文件执行机构的相关调整	综合管理处接收上级单位审批的机构设置批复文件，按照文件要求将机构设置批复方案传送各处室并遵照执行	"一基地一中心"	综合管理处处长	批复文件

（3）控制矩阵。

控制目标					步骤编号	风险点名称	控制点编号	控制点名称	评价标准		控制证据	控制方式	涉及系统	控制频率	制度索引
资产安全	经营目标	报告目标	合法合规						控制点描述						
	√				2	组织机构设置风险	ZH-02-01-KC01-01	机构设置方案与调整方案的科学性、合理性控制	分管领导接收综合管理处提交的机构设置文件后，根据制度，对人力资源设置名称、处室内岗位名称及数量、设置方式、设置原因、人员配置等内容进行审核，重点审核可行性等方面，提出修改意见后提交党委会/总经理办公会审议。确保机构设置与调整方案编制方案的科学性、合理性		机构设置与调整方案	手工控制	/	不定期	《关于统一规范集体企业管理机构设置及人员配置的意见》《企业内部控制应用指引第1号——组织架构》
	√				3	组织机构设置风险	ZH-02-01-KC01-02	机构设置方案与调整方案的科学性、合理性控制	党委会/总经理办公会接收综合管理处"一基地一中心"人力资源机构设置申请文件后，重点关注机构设置的可行性、合规性等方面，重要修改意见，经党委会/总经理办公会一致通过后，将审议通过的机构（人力资源部）设置文件与综合管理处编制方案的科学性、合理性		机构设置与调整方案	手工控制	/	不定期	

2. 岗位设置管理流程

（1）流程图。

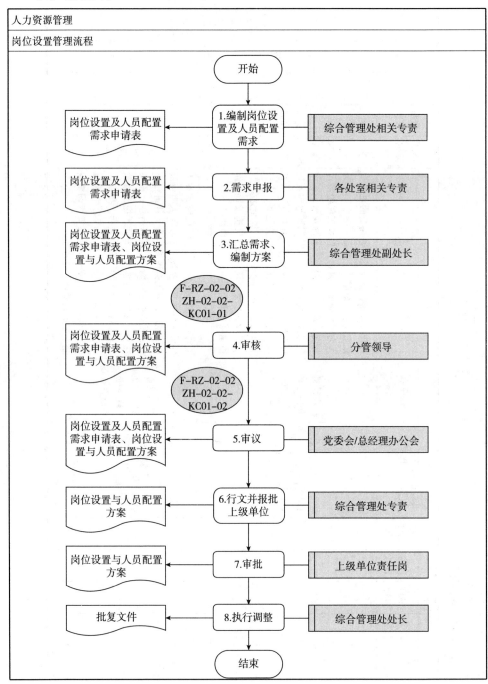

（2）流程信息表。

步骤序号	流程步骤	步骤说明	涉及层级	岗位名称	流转资料（评价证据）
1	编制岗位设置及人员配置需求	综合管理处相关专责根据机构设置及实际经营需要，依据"一基地一中心"人力资源状况，结合实际情况编制岗位设置及人员配置需求申请表并通知各处室填报	"一基地一中心"	综合管理处相关专责	岗位设置及人员配置需求申请表
2	需求申报	各处室根据实际经营需要，结合实际情况提出岗位设置及人员配置需求申请，内容包括岗位名称、岗位职责、人员配置等，经分管领导审批后通过文本方式提交综合管理处	"一基地一中心"	各处室相关专责	岗位设置及人员配置需求申请表
3	汇总需求、编制方案	综合管理处汇总、整理各处室岗位设置及人员配置需求申请后，根据相关人资管理制度以及实际情况调整设置相应岗位名称、岗位职责、岗位职数、人员配置等，制订岗位设置及人员配备方案，通过文本方式提交分管领导	"一基地一中心"	综合管理处副处长	岗位设置及人员配置需求申请表、岗位设置与人员配置方案
4	审核	分管领导根据相关人力资源制度及实际业务需要对岗位设置及人员配置方案进行审核，提出修改意见，并将修改后的岗位设置及人员配置方案提交党委会/总经理办公会	"一基地一中心"	分管领导	岗位设置及人员配置需求申请表、岗位设置与人员配置方案
5	审议	党委会/总经理办公会根据相关人力资源制度及实际业务需要对岗位设置及人员配置方案进行审核，经内部审议决策后将岗位设置及人员配置方案提交综合管理处	"一基地一中心"	党委会/总经理办公会	岗位设置及人员配置需求申请表、岗位设置与人员配置方案
6	行文并报批上级单位	综合管理处将党委会/总经理办公会审议通过的岗位设置及人员配置方案行文上报上级单位	"一基地一中心"	综合管理处专责	岗位设置与人员配置方案
7	审批	上级单位对岗位设置及人员配置需求申请文件进行审批	上级单位	上级单位责任岗	岗位设置与人员配置方案
8	执行调整	综合管理处收到上级单位审批调整后的岗位设置及人员配置批复文件，按照文件指示通知相关处室、单位执行岗位设置及人员配置调整	"一基地一中心"	综合管理处处长	批复文件

（3）控制矩阵。

控制目标				步骤编号	风险点名称	控制点编号	控制点名称	评价标准					制度索引
资产安全	经营目标	报告目标	合法合规					控制点描述	控制证据	控制方式	涉及系统	控制频率	
	√		√	4	岗位设置与调整风险	ZH-02-02-KC01-01	岗位设置与调整方案的科学性、合理性控制	分管领导根据相关人力资源制度及实际业务需要，对岗位设置及人员配置方案进行审核，重点审核岗位及人员设置的必要性、可行性、重要性、合规性等方面，与相关人员进行沟通，提出修改意见，并将修改后的岗位设置及人员配置方案提交党委会/总经理办公会	岗位设置及人员配置需求申请表、岗位设置与人员配置方案	手工控制	/	不定期	《关于统一规范集体企业管理机构设置及人员配置的意见》《企业内部控制应用指引第3号——人力资源》
	√		√	5	岗位设置与调整风险	ZH-02-02-KC01-02	岗位设置与调整方案的合理性控制	党委会/总经理办公会根据相关人力资源制度及实际业务需要，对岗位设置及人员配置方案进行审核，重点审核岗位、人员设置及配置的必要性、可行性、合规性及合理性等方面，经内部审议决策后将岗位设置及人员配置方案提交综合管理处	岗位设置及人员配置需求申请表、岗位设置与人员配置方案	手工控制	/	不定期	

3. 休假管理流程

（1）流程图。

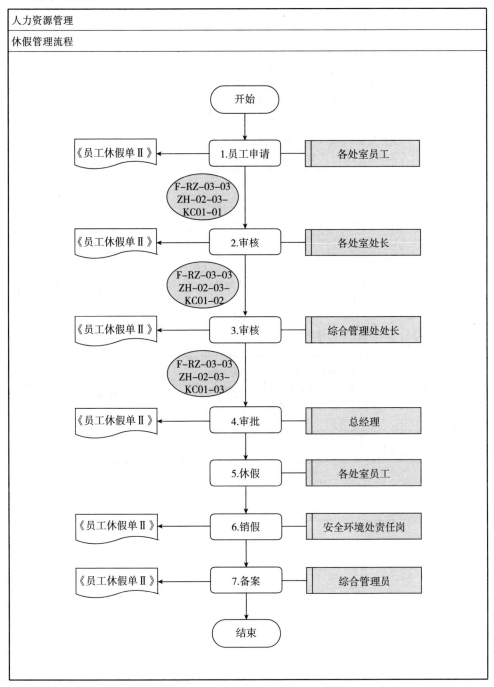

（2）流程信息表。

步骤序号	流程步骤	步骤说明	涉及层级	岗位名称	流转资料（评价证据）
1	员工申请	员工需提前三天办理请假手续，填写《员工休假单Ⅱ》，主要内容包括姓名、性别、年龄、处室、岗位、休假事由、假期性质、休假日期、返岗日期、请假天数等。之后提交员工所在处室负责人审核	"一基地一中心"	各处室员工	《员工休假单Ⅱ》
2	审核	处室负责人根据具体工作安排对《员工休假单Ⅱ》进行审核（如请公休假3天（含）以下直接转至第5步骤），审核后提交综合管理处	"一基地一中心"	各处室处长	《员工休假单Ⅱ》
3	审核	综合管理处就交来的《员工休假单Ⅱ》进行审核（如请公休假3天以上7天以下直接转至第5步骤），审核后提交主管领导	"一基地一中心"	综合管理处处长	《员工休假单Ⅱ》
4	审批	主管领导审核综合管理处提交的休假单，并填写审核意见	"一基地一中心"	总经理	《员工休假单Ⅱ》
5	休假	员工按规定进行休假	"一基地一中心"	各处室员工	—
6	销假	员工请假期满返回工作岗位时，主动向本处室负责人报告销假，并将休假单经安全环境处签字后提交综合管理处	"一基地一中心"	安全环境处责任岗	《员工休假单Ⅱ》
7	备案	员工所有假期（含公休）须报综合管理处备案	"一基地一中心"	综合管理员	《员工休假单Ⅱ》

（3）控制矩阵。

控制目标				步骤编号	风险点名称	控制点编号	评价标准		控制证据	控制方式	涉及系统	控制频率	制度索引
资产安全	经营目标	报告目标	合法合规				控制点名称	控制点描述					
			√	2	假勤管理风险	ZH-02-03-KC01-01	员工休假合理性控制	处室负责人结合实际，及时对休假人所负责工作进行适当的安排，不能因职工休假而出现漏岗、空岗现象，避免因人员于集中休假过于集中休假过于集中工作而影响工作开展，确保请假人休假期间工作审批申请审批的合理性	《员工休假单Ⅱ》	手工控制	/	不定期	《"一基地一中心"员工考勤制度》
			√	3	假勤管理风险	ZH-02-03-KC01-02	员工休假合理性控制	综合管理处审核各处室休假申请，对休假安排进行统筹，不能因职工休假而出现漏岗、空岗现象，避免因人员于集中休假过于集中工作，保证休假期间人员休假过于集中工作而影响工作，保证请假人休假期间申请审批能正常开展，确保请假人休假审批的合理性	《员工休假单Ⅱ》	手工控制	/	不定期	
			√	4	假勤管理风险	ZH-02-03-KC01-03	员工休假合理性控制	主管领导对审核后的休假申请进行批准，不能因职工休假而出现漏岗、空岗现象，避免因人员于集中休假过于集中工作而影响工作开展，保证休假期间人员休假审批能正常开展，确保请假人休假的合理性	《员工休假单Ⅱ》	手工控制	/	不定期	

4. 招聘管理流程

（1）流程图。

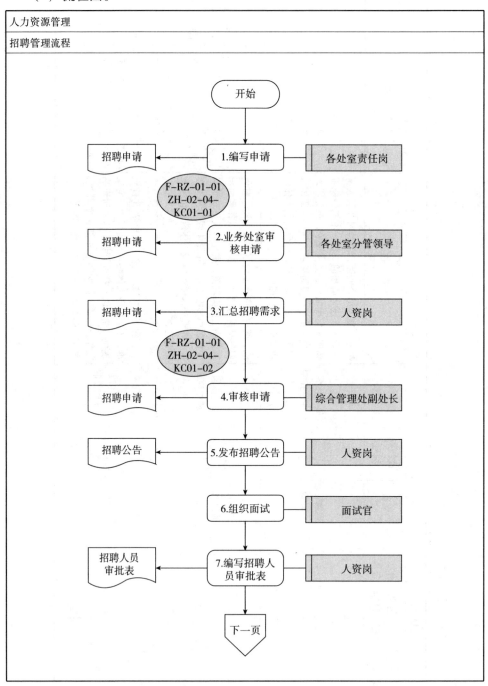

人力资源管理

招聘管理流程

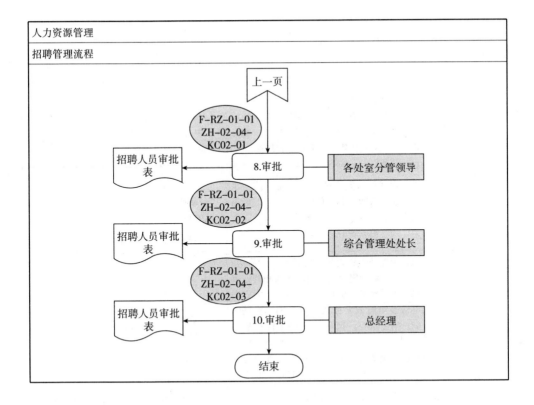

（2）流程信息表。

步骤序号	流程步骤	步骤说明	涉及层级	岗位名称	流转资料（评价证据）
1	编写申请	各处室根据实际岗位人员情况，编写招聘需求申请，明确招聘岗位、用人要求等信息，经处室负责人审批签字后提交分管领导审批	"一基地一中心"	各处室责任岗	招聘申请
2	业务处室审核申请	各处室分管领导审核本处室招聘需求是否合理、招聘岗位是否需要，人员招聘要求是否合理，处室分管领导审批签字后提交综合管理处人资岗	"一基地一中心"	各处室分管领导	招聘申请
3	汇总招聘需求	综合管理处人资岗汇总各处室招聘需求申请。汇总拟招聘岗位、人数、处室等信息	"一基地一中心"	人资岗	招聘申请

续表

步骤序号	流程步骤	步骤说明	涉及层级	岗位名称	流转资料（评价证据）
4	审核申请	综合管理处人资岗将汇总后的招聘需求申请交综合处负责人及分管领导审批，随后交至"一基地一中心"总经理审批。总经理重点审查用工需求必要性、合理性	"一基地一中心"	综合管理处副处长	招聘申请
5	发布招聘公告	综合管理处人资岗依据审批完成的需求单，在招聘网站上发布招聘信息。明确招聘岗位、人员要求、工作职责、薪资待遇、工作地点等信息	"一基地一中心"	人资岗	招聘公告
6	组织面试	综合管理处人资岗接收应聘者电子简历，初步筛选后确定面试人员。沟通相关处室负责人，确定面试时间、会议室。人资岗电话通知面试人员在指定日期、指定时间、指定地点，携带相关面试材料参加"一基地一中心"统一组织的面试。面试官包括招聘处室负责人及综合管理处人员。面试时做好现场记录，同时检查面试人员相关证件	"一基地一中心"	面试官	—
7	编写招聘人员审批表	面试官综合讨论确定拟招聘人员，综合管理处人资岗编写招聘人员审批表。填明拟招聘人员基本信息、招聘岗位、工资标准。之后提交拟招聘处室分管领导审批	"一基地一中心"	人资岗	招聘人员审批表
8	审批	拟招聘处室分管领导重点审查工资标准合理性、招聘人员是否满足用工要求等。审批签字同意后提交综合处分管领导审批	"一基地一中心"	各处室分管领导	招聘人员审批表
9	审批	综合处分管领导重点审查工资标准合理性、招聘人员是否满足用工要求等。审批签字同意后提交总经理审批	"一基地一中心"	综合管理处处长	招聘人员审批表
10	审批	总经理重点审查工资标准合理性、招聘人员是否满足用工要求等。审批签字同意后，综合管理处人资岗通知招聘人员办理入职手续	"一基地一中心"	总经理	招聘人员审批表

（3）控制矩阵。

控制目标				步骤编号	风险点名称	控制点编号	控制点名称	评价标准		控制证据	控制方式	涉及系统	控制频率	制度索引
资产安全	经营目标	报告目标	合法合规					控制点描述						
	√		√	2	人员招聘不当风险	ZH-02-04-KC01-01	人员需求申请合理性控制	各处室分管领导审核各处室提交的人员招聘申请，检查用工需求的必要性，合理性，招聘岗位是否符合要求，确保拟招聘岗位符合"一基地一中心"岗位设置和人员结构要求		招聘申请	手工控制	/	不定期	
	√		√	4	人员招聘不当风险	ZH-02-04-KC01-02	人员需求申请合理性控制	综合管理处负责人、分管领导、总经理审核各处室提交的人员招聘申请，检查用工需求的必要性，合理性，招聘岗位设置要求，确保拟招聘岗位符合"一基地一中心"岗位设置和人员结构要求		招聘申请	手工控制	/	不定期	《国家电网公司人力资源管理通则》《企业内部控制应用指引第3号——人力资源》
	√		√	8	人员招聘不当风险	ZH-02-04-KC02-01	招聘条件的准确性控制	审批人对拟录用人员名单进行审核，核准后签字，确保录用人员满足招聘岗位要求		招聘人员审批表	手工控制	/	不定期	
	√		√	9	人员招聘不当风险	ZH-02-04-KC02-02	招聘条件的准确性控制	审批人对拟录用人员名单进行审核，核准后签字，确保录用人员满足招聘岗位要求		招聘人员审批表	手工控制	/	不定期	
	√		√	10	人员招聘不当风险	ZH-02-04-KC02-03	招聘条件的准确性控制	审批人对录用人员名单进行审核，核准后签字，确保录用人员满足招聘岗位要求		招聘人员审批表	手工控制	/	不定期	

5. 入职管理流程

（1）流程图。

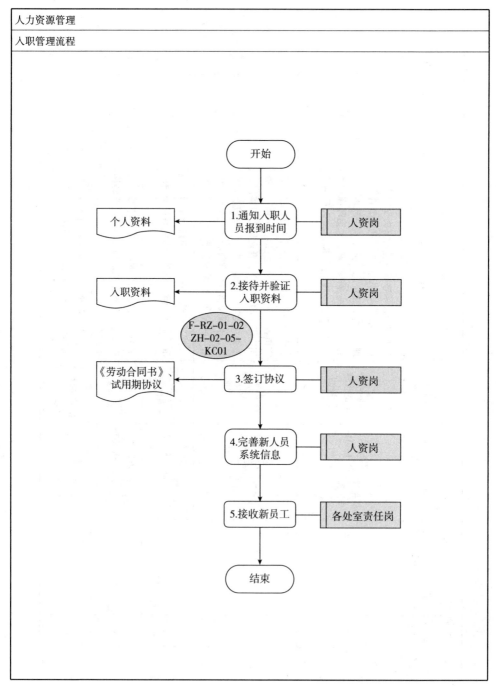

（2）流程信息表。

步骤序号	流程步骤	步骤说明	涉及层级	岗位名称	流转资料（评价证据）
1	通知入职人员报到时间	综合管理处人资岗按照入职人员名单中的电话或邮件逐个联络，通知入职人员报到时间、地点及入职所需资料，包括本人身份证、学历证明、职称证明、个人档案、体检报告等相关个人资料	"一基地一中心"	人资岗	个人资料
2	接待并验证入职资料	综合管理处人资岗接待前往报到的新员工，接收新员工所提供的入职资料，并对入职资料进行审核	"一基地一中心"	人资岗	入职资料
3	签订协议	综合管理处人资岗确认新员工入职资料齐全，符合入职条件后签订三方协议、劳动合同、试用期协议	"一基地一中心"	人资岗	《劳动合同书》、试用期协议
4	完善新人员系统信息	综合管理处人资岗完善新员工社保信息、薪酬信息、绩效信息等，更新"一基地一中心"人事信息资料等	"一基地一中心"	人资岗	—
5	接收新员工	各处室接收完成培训后的新员工，将员工安排至规定岗位，进入入职培养期	"一基地一中心"	各处室责任岗	—

（3）控制矩阵。

| 控制目标 | | | | 步骤编号 | 风险点名称 | 控制点编号 | 控制点名称 | 评价标准 | 控制证据 | 控制方式 | 涉及系统 | 控制频率 | 制度索引 |
资产安全	经营目标	报告目标	合法合规					控制点描述					
			√	3	劳动纠纷风险	ZH-02-05-KC01	劳动合同及协议签订规范性控制	员工本人填写《劳动合同书》，"一中心"与员工协商一致，并加盖"基地一中心"公章以及法人章，确保劳动合同签订的真实性和有效性，避免出现代签现象	《劳动合同书》、试用期协议	手工控制	/	不定期	《国家电网公司人力资源管理通则》《企业内部控制应用指引第3号——人力资源》

6. 绩效考核与薪酬管理流程

（1）流程图。

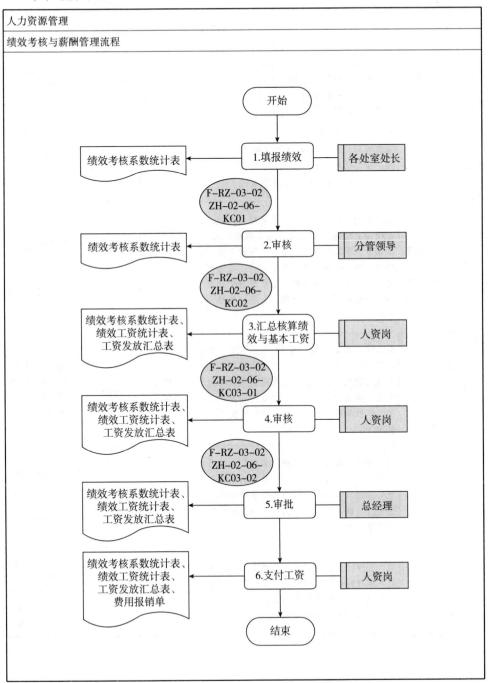

| 人力资源管理 |
| 绩效考核与薪酬管理流程 |

（2）流程信息表。

步骤序号	流程步骤	步骤说明	涉及层级	岗位名称	流转资料（评价证据）
1	填报绩效	各处室负责人每月综合考评员工表现，依据员工的工作量、工作完成质量、工作态度等填写绩效考核系数统计表，填明绩效考核系数和系数增减变动原因，确认签字后提交分管领导审批	"一基地一中心"	各处室处长	绩效考核系数统计表
2	审核	分管领导接收各处室绩效考核系数统计表，审查绩效考核系数和系数增减变动原因是否合理，审核同意后签字确认	"一基地一中心"	分管领导	绩效考核系数统计表
3	汇总核算绩效与基本工资	综合管理处人资岗汇总各处室提交的经分管领导审批通过的绩效考核系数统计表，根据考核系数计算并填写员工绩效工资统计表，同时填写工资发放汇总表，之后提交综合管理处负责审核，主要审查绩效考核系数变动原因是否合理、工资计算是否正确	"一基地一中心"	人资岗	绩效考核系数统计表、绩效工资统计表、工资发放汇总表
4	审核	综合处分管领导统一审核"一基地一中心"全体员工月度绩效工资统计表和各处室的工资发放汇总表，主要审查绩效考核系数变动原因是否合理、工资计算是否正确，审核同意后签字确认，随后提交"一基地一中心"总经理审批	"一基地一中心"	人资岗	绩效考核系数统计表、绩效工资统计表、工资发放汇总表
5	审批	总经理统一审核"一基地一中心"全体员工月度绩效工资统计表和各处室的工资发放汇总表，主要审查绩效考核系数变动原因是否合理、工资计算是否正确，审核同意后签字确认	"一基地一中心"	总经理	绩效考核系数统计表、绩效工资统计表、工资发放汇总表
6	支付工资	综合管理处人资岗依据经总经理及其他审批人审批同意的绩效工资统计表和工资发放汇总表，办理工资费用支付。具体程序参见财务费用报销流程	"一基地一中心"	人资岗	绩效考核系数统计表、绩效工资统计表、工资发放汇总表、费用报销单

（3）控制矩阵。

| 控制目标 | | | | 步骤编号 | 风险点名称 | 控制点编号 | 控制点名称 | 评价标准 | | | | | 制度索引 |
资产安全	经营目标	报告目标	合法合规					控制点描述	控制证据	控制方式	涉及系统	控制频率	
	√		√	2	绩效考核激励钝化风险	ZH-02-06-KC01	考核指标规范性控制	人资岗结合"一基地一中心"各处室实际审核关键绩效指标，确保指标的科学性、合理性、量化性	考核指标资料	手工控制	/	月度	《国家电网公司员工绩效考核管理办法》《企业内部控制应用指引第3号——人力资源》
	√		√	3	基本薪酬管理风险	ZH-02-06-KC02	薪金标准确定合理性控制	"一基地一中心"领导及综合管理处根据企业规模、生产经营难易等因素线下综合核定员工基本薪金标准，确保其符合国家电网有限公司总部要求	基本工资标准	手工控制	/	月度	
	√		√	4	绩效考核激励钝化风险	ZH-02-06-KC03-01	考核指标规范性控制	综合管理处结合"一基地一中心"各处室实际审核关键绩效指标，主要审查绩效考核系数变动原因是否正确、工资计算是否正确，确保指标的科学性、合理性、量化性	考核指标资料	手工控制	/	月度	
	√		√	5	绩效考核激励钝化风险	ZH-02-06-KC03-02	考核指标规范性控制	总经理结合"一基地一中心"各处室绩效考核关键绩效指标，主要审查考核系数变动原因是否正确、工资计算是否合理，确保指标的科学性、量化性	考核指标资料	手工控制	/	月度	

7. 临时用工管理流程

（1）流程图。

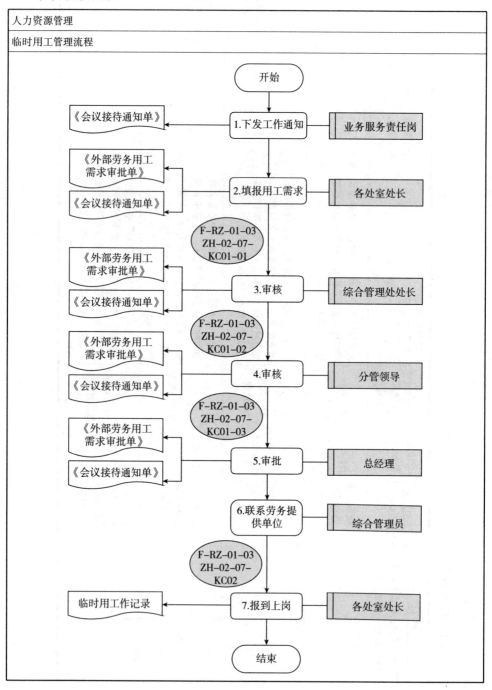

（2）流程信息表。

步骤序号	流程步骤	步骤说明	涉及层级	岗位名称	流转资料（评价证据）
1	下发工作通知	各处室负责人不定期接收业务服务处的《会议接待通知单》。内容包括会议时间、入住人数、房间安排、注意事项等信息	"一基地一中心"	业务服务责任岗	《会议接待通知单》
2	填报用工需求	各处室负责人根据《会议接待通知单》交代的入住人数、房间安排、会议安排等信息，分析会议期间客房保洁工作量、会议服务人数。当工作量超过相关处室工作负荷后，相关处室根据实际需要填写《外部劳务用工需求审批单》，确定外部用工时间、人数、用工用途、用工岗位等信息，并签字	"一基地一中心"	各处室处长	《外部劳务用工需求审批单》《会议接待通知单》
3	审核	各处室将内容完整并经处室负责人签字的《外部劳务用工需求审批单》和《会议接待通知单》提交用工归口管理处室负责人审核，重点审核会议真实性、用工必要性，审核无误后在《外部劳务用工需求审批单》上签字	"一基地一中心"	综合管理处处长	《外部劳务用工需求审批单》《会议接待通知单》
4	审核	各处室将经用工归口处室负责人签字的《外部劳务用工需求审批单》及《会议接待通知单》提交分管领导审核，重点审核会议真实性、用工必要性，审核无误后在《外部劳务用工需求审批单》上签字	"一基地一中心"	分管领导	《外部劳务用工需求审批单》《会议接待通知单》
5	审批	各处室将经分管领导签字的《外部劳务用工需求审批单》及《会议接待通知单》提交总经理审核，重点审核会议真实性、用工必要性，审核无误后在《外部劳务用工需求审批单》上签字	"一基地一中心"	总经理	《外部劳务用工需求审批单》《会议接待通知单》
6	联系劳务提供单位	各处室将经总经理签字的审批单提交用工归口处室负责人，用工归口处室负责人确认审批完整后，根据用工需要联系"一基地一中心"协议用工单位，告知用工需求，确定人员报到时间、地点	"一基地一中心"	综合管理员	—
7	报到上岗	临时劳务人员按"一基地一中心"要求在指定时间到指定地点报到，与需求处室负责人直接对接，之后安排工作任务	协议单位	各处室处长	临时用工作记录

（3）控制矩阵。

控制目标				步骤编号	风险点名称	控制点编号	控制点名称	控制点描述	控制证据	控制方式	涉及系统	控制频率	制度索引
资产安全	经营目标	报告目标	合法合规					评价标准					
			√	3	临时用工管理风险	ZH-02-07-KC01-01	临时用工需求合理性控制	业务处室负责人分析审核临时用工安排的合理性、必要性，确保临时用工分配合理、满足工作需要	《外部劳务用工需求审批单》《会议接待通知单》	手工控制	/	不定期	
			√	4	临时用工管理风险	ZH-02-07-KC01-02	临时用工需求合理性控制	分管领导分析审核临时用工安排的合理性、必要性，确保临时用工分配合理、满足工作需要	《外部劳务用工需求审批单》《会议接待通知单》	手工控制	/	不定期	《企业内部控制应用指引第3号——人力资源》
			√	5	临时用工管理风险	ZH-02-07-KC01-03	临时用工需求合理性控制	总经理分析审核临时用工安排的合理性、必要性，确保临时用工分配合理、满足工作需要	《外部劳务用工需求审批单》《会议接待通知单》	手工控制	/	不定期	
			√	7	临时用工管理风险	ZH-02-07-KC02	临时工规范性控制	需求处室核查临时用工是否在规定期间内到岗；人员是否与需求要求一致；工作中检查要求是否有组织、有纪律按要求开展工作；对不符合要求的临时用工及时与协议单位沟通	临时用工工作记录	手工控制	/	不定期	

（三）党委党建工作管理

1. 党员管理流程

（1）流程图。

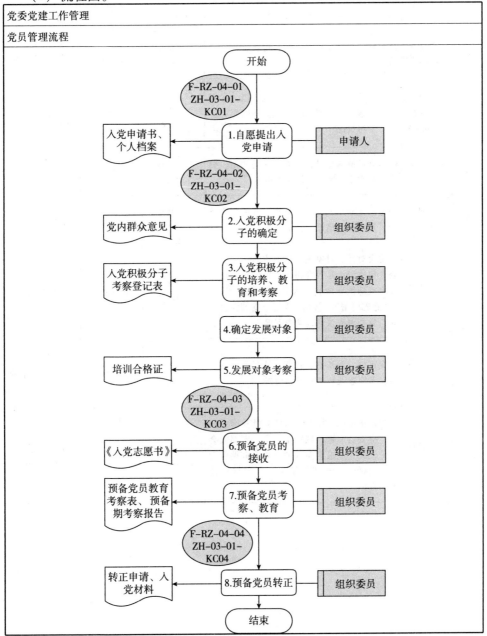

（2）流程信息表。

步骤序号	流程步骤	步骤说明	涉及层级	岗位名称	流转资料（评价证据）
1	自愿提出入党申请	申请人递交入党申请书，党组织派人谈话，建立入党申请人个人档案	"一基地一中心"	申请人	入党申请书、个人档案
2	入党积极分子的确定	征求党内外群众意见，团员推优，支委会讨论	"一基地一中心"	组织委员	党内群众意见
3	入党积极分子的培养、教育和考察	经常性的培养教育，填写入党积极分子考察登记表，经常向党组织汇报思想、工作、学习情况	"一基地一中心"	组织委员	入党积极分子考察登记表
4	确定发展对象	征求党员群众意见，支委会讨论决定，提交上级党委备案，上级党委审查	"一基地一中心"	组织委员	—
5	发展对象考察	确定入党介绍人，政治审查，开展集中培训，发培训合格证，公示	"一基地一中心"	组织委员	培训合格证
6	预备党员的接收	支委会对发展对象进行严格审查；召开支委会集体讨论是否合格，合格后报基层党委。支部预审领取《入党志愿书》，填写《入党志愿书》。召开支委会及支部大会讨论，党委派人谈话，党委审批	"一基地一中心"	组织委员	《入党志愿书》
7	预备党员考察、教育	入党宣誓，预备党员教育，填写预备党员教育考察表及预备期考察报告	"一基地一中心"	组织委员	预备党员教育考察表、预备期考察报告
8	预备党员转正	提交转正申请，征求党内外党员及群众意见，支委会审查，拟转正公示，支部大会讨论表决，上报党委审批，党委审批后与本人谈话，宣布转正结果，入党材料备案、存档	"一基地一中心"	组织委员	转正申请、入党材料

（3）控制矩阵。

控制目标				步骤编号	风险点名称	控制点编号	评价标准		控制证据	控制方式	涉及系统	控制频率	制度索引
资产安全	经营目标	报告目标	合法合规				控制点名称	控制点描述					
			√	1	拟入党人员不合格风险	ZH-03-01-KC01	入党标准合规性控制	严格各环节审核，发挥群众监督、日常教育等手段作用，确保发展党员符合党员标准	入党申请书、个人档案	手工控制	/	不定期	暂无
			√	2	程序不规范风险	ZH-03-01-KC02	程序合规性控制	入党积极分子确定为发展对象前，要征求党小组、党员及群众意见，经过支委会讨论决定后提交上级党委审查备案	党小组和党内外群众意见、团员推优及支委会讨论结果	手工控制	/	不定期	
			√	6	接收程序不规范风险	ZH-03-01-KC03	程序合规性控制	吸收预备党员时，入党申请人所在党支部和预备党员进行审核，经过支部大会讨论表决后提交上级党委审批	基层党委预审、《入党志愿书》、党委审批	手工控制	/	不定期	
			√	8	转正程序不规范风险	ZH-03-01-KC04	转正程序合规性控制	吸收预备党员和预备党员转正时，入党申请人所在党支部和预备党员进行审核，经过支部大会讨论表决后提交上级党委审议	转正申请、支部审查、拟转正党员公示、党小组和党内外群众意见、党委审批、入党材料	手工控制	/	不定期	

2. 组织生活管理流程

（1）流程图。

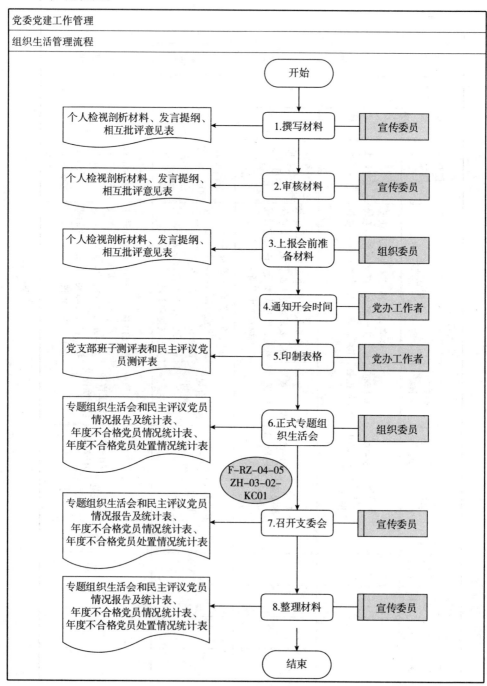

（2）流程信息表。

步骤序号	流程步骤	步骤说明	涉及层级	岗位名称	流转资料（评价证据）
1	撰写材料	①支委成员分别撰写个人检视剖析材料②其他党员撰写发言提纲③所有党员拟写对其他同志的批评意见。填写相互批评意见表	"一基地一中心"	宣传委员	个人检视剖析材料、发言提纲、相互批评意见表
2	审核材料	支部书记负责审核把关所有支委检视剖析材料、检视问题清单及其他党员的发言提纲材料	"一基地一中心"	宣传委员	个人检视剖析材料、发言提纲、相互批评意见表
3	上报会前准备材料	支部书记撰写筹备工作情况报告，将会议筹备工作情况、班子及支部书记个人检视剖析材料、检视问题清单，提交所联系的督导组审核	"一基地一中心"	组织委员	个人检视剖析材料、发言提纲、相互批评意见表
4	通知开会时间	综合管理处负责通知各处室开会时间及地点	"一基地一中心"	党办工作者	—
5	印制表格	印制党支部班子测评表和民主评议党员测评表	"一基地一中心"	党办工作者	党支部班子测评表和民主评议党员测评表
6	正式专题组织生活会	①支部书记代表班子作检视剖析，报告主题教育工作开展情况、上一次专题组织生活会整改措施落实情况、本次专题组织生活会征求意见情况，主题教育查摆问题、找差距情况，检查支部建设存在的问题，研究提出整改措施②支部书记作检视剖析发言，其他同志对其进行批评③支委按照此流程依次做个人检视剖析发言，接受他人批评意见④每一名党员依次进行自我批评，其他同志对其进行批评⑤开展民主测评	"一基地一中心"	组织委员	专题组织生活会和民主评议党员情况报告及统计表、年度不合格党员情况统计表、年度不合格党员处置情况统计表

续表

步骤序号	流程步骤	步骤说明	涉及层级	岗位名称	流转资料（评价证据）
7	召开支委会	①统计民主评议党员测评表结果，结合民主评议党员的结果和各党员平时表现，对每名党员提出评定意见 ②根据会议召开情况，讨论研究制定此次组织生活会整改措施方案 ③对每位党员形成书面鉴定意见	"一基地一中心"	宣传委员	专题组织生活会和民主评议党员情况报告及统计表、年度不合格党员情况统计表、年度不合格党员处置情况统计表
8	整理材料	①撰写专题组织生活会和民主评议党员情况报告 ②填写专题组织生活会和民主评议党员情况统计表、查摆问题汇总表	"一基地一中心"	宣传委员	专题组织生活会和民主评议党员情况报告及统计表、年度不合格党员情况统计表、年度不合格党员处置情况统计表

（3）控制矩阵。

控制目标			步骤编号	风险点名称	控制点编号	控制点名称	控制点描述	控制证据	控制方式	涉及系统	控制频率	制度索引
资产安全	经营目标	报告目标	合法合规				评价标准					
			√	7	评定意见不全面风险	ZH-03-02-KC01	党员信息的全面性控制	各支部在召开支委会之前主动征求人力资源、纪检部门意见，切实掌握支部党员绩效考核和个人作风、违规违纪等情况	民主评议党员测评表、组织生活会整改措施方案、党员鉴定意见	手工控制	/	不定期	暂无

（四）宣传管理

宣传管理流程

（1）流程图。

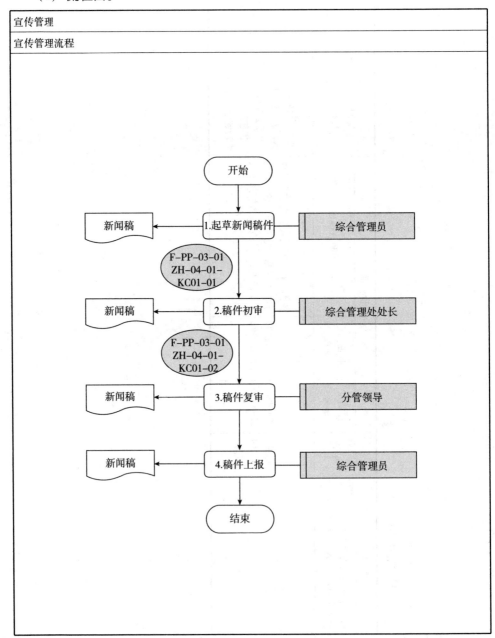

（2）流程信息表。

步骤序号	流程步骤	步骤说明	涉及层级	岗位名称	流转资料（评价证据）
1	起草新闻稿件	各处室起草新闻稿件	各处室	综合管理员	新闻稿
2	稿件初审	综合管理处负责人审核稿件真实性、时效性，文字质量等是否达标。提出修改意见，各处室完善修改。综合管理处审核后提交分管领导审核	综合管理处	综合管理处处长	新闻稿
3	稿件复审	综合管理处分管领导审核稿件真实性、时效性、文字质量等是否达标。提出修改意见，各处室完善修改	综合管理处	分管领导	新闻稿
4	稿件上报	综合管理处负责人将经分管领导审核通过的稿件，以邮件形式报上级单位审核，审计单位审核通过后上传上级单位网站	上级单位	综合管理员	新闻稿

（3）控制矩阵。

控制目标					步骤编号	风险点名称	控制点编号	控制点名称	控制点描述	控制证据	控制方式	涉及系统	控制频率	制度索引
资产安全	经营目标	报告目标	合法合规						评价标准					
	√		√		2	宣传管理风险	ZH－04－01－KC01－01	稿件真实性、准确性控制	新闻稿件内容真实性、表述合理、文字质量达标。新闻稿件经过综合管理处审核	新闻稿件	手工控制	／	不定期	暂无
	√		√		3	宣传管理风险	ZH－04－01－KC01－02	稿件真实性、准确性控制	新闻稿件内容真实性、表述合理、文字质量达标。新闻稿件经过分管领导审核	新闻稿件	手工控制	／	不定期	

（五）审计事务管理

迎审与问题整改管理流程

（1）流程图。

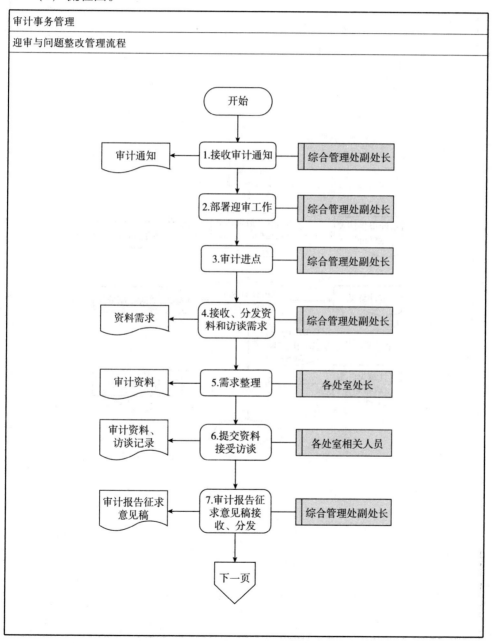

审计事务管理
迎审与问题整改管理流程

上一页

审计报告征求意见稿 ← 8.审计报告征求意见稿的核实、沟通与反馈 ← 各处室处长

审计意见 ← 9.审计意见书接收、分发 ← 综合管理处副处长

F-RZ-05-01
ZH-05-01-
KC01

审计意见、整改报告 ← 10.整改落实 ← 各处室处长

结束

（2）流程信息表。

步骤序号	流程步骤	步骤说明	涉及层级	岗位名称	流转资料（评价证据）
1	接收审计通知	根据审计通知，结合"一基地一中心"实际情况编制迎审工作方案，同时执行重大审计事项报告制度，按规定及时报告相关事项	"一基地一中心"	综合管理处副处长	审计通知
2	部署迎审工作	组织内部会议，介绍审计事项，明确职责要求，全面部署迎审配合工作	"一基地一中心"	综合管理处副处长	—
3	审计进点	上级单位组织召开审计进点会，配合提交审计所需资料	"一基地一中心"	综合管理处副处长	—
4	接收、分发资料和访谈需求	接收审计组提出的资料、访谈需求，进行分解落实，明确资料提交要求。综合管理处汇总后按处室分发	"一基地一中心"	综合管理处副处长	资料需求
5	需求整理	相关处室组织资料的整理、提交和接受访谈，处室负责人对拟提交资料进行审核，重大事项报"一基地一中心"分管领导审核。无法提供、不能按时提供或需分期提供的，及时向审计组解释说明。重大事项重大审计事项报告制度执行	"一基地一中心"	各处室处长	审计资料
6	提交资料、接受访谈	向审计组提交资料，与审计组办理签收手续；接受审计访谈，填写《审计访谈情况反馈单》。提交资料和接受访谈情况在迎审日报中记录，重要事项及时报告"一基地一中心"领导	"一基地一中心"	各处室相关人员	审计资料、访谈记录
7	审计报告征求意见稿接收、分发	接收审计报告征求意见稿，进行内部分发，按照审计组要求明确相关要求	"一基地一中心"	综合管理处副处长	审计报告征求意见稿
8	审计报告征求意见稿的核实、沟通与反馈	及时组织核实，处室负责人对核实反馈内容进行审核，重要事项报"一基地一中心"分管领导审核。存在不同意见时，应及时组织人员整理支撑材料，及时汇报沟通。重大事项执行重大审计事项报告制度	"一基地一中心"	各处室处长	审计报告征求意见稿
9	审计意见书接收、分发	接收审计意见书，分解整改任务，形成问题清单、任务清单、责任清单	"一基地一中心"	综合管理处副处长	审计意见
10	整改落实	各处室根据具体问题落实整改。整改工作要举一反三，积极构建长效机制，按期完成整改并上报整改落实报告	"一基地一中心"	各处室处长	审计意见、整改报告

（3）控制矩阵。

| 控制目标 | | | 步骤编号 | 风险点名称 | 控制点编号 | 评价标准 | | | 控制证据 | 控制方式 | 涉及系统 | 控制频率 | 制度索引 |
资产安全	经营目标	报告目标	合法合规				控制点名称	控制点描述					
√			√	10	问题整改不到位风险	ZH-05-01-KC01	问题整改质量控制	各处室根据具体问题落实整改。整改工作要举一反三，积极构建长效机制，按期完成整改并上报整改落实报告	审计意见、整改报告	手工控制	/	不定期	《国家电网有限公司审计结果运用管理办法》

第七章　财务资产管理

一、财务资产管理流程目录

序号	二级流程编号	二级流程名称	末级流程编号	末级流程名称
1			CW-01-01	全面预算编制与审批管理
2	CW-01	预算管理	CW-01-02	预算下达分解管理
3			CW-01-03	日常预算调整管理
4			CW-02-01	员工借款管理
5	CW-02	会计核算	CW-02-02	往来核算管理
6			CW-02-03	会计档案管理
7			CW-02-04	年终决算报表填报管理
8			CW-03-01	银行账户设立管理
9			CW-03-02	银行账户变更管理
10			CW-03-03	银行账户撤销管理
11	CW-03	资金管理	CW-03-04	银行预留印鉴管理
12			CW-03-05	现金盘点管理
13			CW-03-06	资金支付（费用报销）管理
14			CW-04-01	增值税纳税申报管理
15	CW-04	税务管理	CW-04-02	企业所得税纳税申报管理
16			CW-04-03	个人所得税代扣代缴管理
17			CW-04-04	印花税计提及缴纳管理

二、流程图与控制矩阵

（一）预算管理

1. 全面预算编制与审批管理流程

（1）流程图。

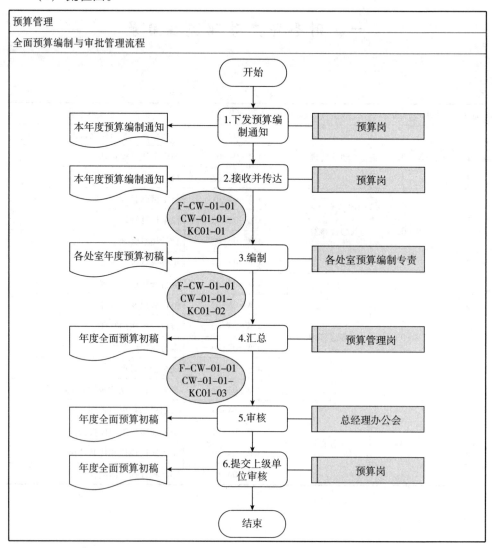

（2）流程信息表。

步骤序号	流程步骤	步骤说明	涉及层级	岗位名称	流转资料（评价证据）
1	下发预算编制通知	上级单位下发预算编制通知，"一基地一中心"财务预算岗接收	上级单位	预算岗	本年度预算编制通知
2	接收并传达	"一基地一中心"财务预算岗根据上级单位要求编制年度预算工作通知，包括预算编制范围、时间安排、参与处室、编制要求、预算编制模板等内容，编制完成后下发至各处室预算编制专责	"一基地一中心"	预算岗	本年度预算编制通知
3	编制	"一基地一中心"各处室预算编制专责依据编制要求，根据本年度业务情况，与专项预算内相关处室进行沟通，编制本年度业务预算，提交财务预算岗	"一基地一中心"	各处室预算编制专责	各处室年度预算初稿
4	汇总	财务资产处预算管理专责汇总各个处室专项预算计划，审核预算事项，就其中重大偏差事项与相关专责进行核对、协商及调整，形成年度全面预算，提交财务资产处负责人审核	"一基地一中心"	预算管理岗	年度全面预算初稿
5	审核	财务预算岗将年度全面预算提交综合管理处，由其组织召开"总经理办公会"。"一基地一中心"总经理、各处室分管领导、各处室负责人参会，共同研讨，会议主要讨论"一基地一中心"的年度预算指标是否合理，对各项指标提出修改意见，并明确年度经营考核总指标	"一基地一中心"	总经理办公会	年度全面预算初稿
6	提交上级单位审核	经审议通过并根据修改意见（如有）完善后，财务预算岗通过邮箱上报年度预算数据至上级单位预算岗，上级单位报国家电网有限公司产业部	"一基地一中心"	预算岗	年度全面预算初稿

（3）控制矩阵。

| 控制目标 | | | | 步骤编号 | 风险点名称 | 控制点编号 | 评价标准 | | 控制证据 | 控制方式 | 涉及系统 | 控制频率 | 制度索引 |
资产安全	经营目标	报告目标	合法合规				控制点名称	控制点描述					
	√		√	3	预算编制与调整风险	CW-01-01-KC01-01	预算编制合理性控制	各处室系统分析以前年度预算计划和执行情况，综合发展需要，合理编制本年度预算，各处室预算专责汇总各处室预算数据，确保数据填制准确	以前年度预算计划与执行资料；年度各处室预算初稿	手工控制	/	每年	《国家电网有限公司全面预算管理办法》
	√		√	4	预算编制与调整风险	CW-01-01-KC01-02	预算编制合理性准确性控制	财务预算岗在汇总各处室预算数据时确保准确无误	各处室预算初稿；"基地一中心"年度全面预算初稿	手工控制	/	每年	《国家电网公司集体企业全面预算管理办法》
	√		√	5	预算编制与调整风险	CW-01-01-KC01-03	预算编制合理性控制	财务预算将年度全面预算提交至综合管理处，由其组织召开"基地一中心""总经理办公会"，总经理、各处室分管领导、各处室负责人参会，共同研讨。会议主要讨论"基地一中心"的年度预算指标是否合理，对各项指标提出修改意见，并明确年度经营考核总指标	上会材料包括年中预算调整、年度预算汇报和相关附件（利润表、成本费用表、资产负债表、各业务单位指标等）	手工控制	/	每年	《企业内部控制应用指引第15号——全面预算》

2. 预算下达分解管理流程

（1）流程图。

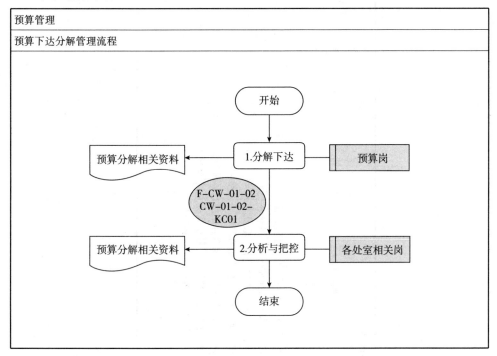

（2）流程信息表。

步骤序号	流程步骤	步骤说明	涉及层级	岗位名称	流转资料（评价证据）
1	分解下达	国家电网有限公司产业部批复后下发上级单位，上级单位转发至"一基地一中心"，财务预算岗查看、批复预算与报送预算的出入，进行内部预算分解	"一基地一中心"	预算岗	预算分解相关资料
2	分析与把控	各处室根据实际发生额与预算之间的偏差分析原因，财务资产处按预算额把控费用支出	"一基地一中心"	各处室相关岗	预算分解相关资料

（3）控制矩阵。

控制目标				步骤编号	风险点名称	控制点编号	评价标准		控制证据	控制方式	涉及系统	控制频率	制度索引
资产安全	经营目标	报告目标	合法合规				控制点名称	控制点描述					
	√		√	2	预算执行风险	CW-01-02-KC01	预算执行合理性控制	"一基地一中心"执行预算方案时，完整编制预算报表、确保预算表单内容完整、数据准确；确保预算指标满足本单位经营目标，各项预算指标符合上级单位下达的考核目标，各项业务子预算与上级业务部门确定目标相一致	预算分解相关资料、预算报表、考核指标	手工控制	/	每年	《国家电网有限公司全面预算管理办法》《国家电网企业全面预算管理办法》《企业内部控制应用指引第15号——全面预算》

3. 日常预算调整管理流程

（1）流程图。

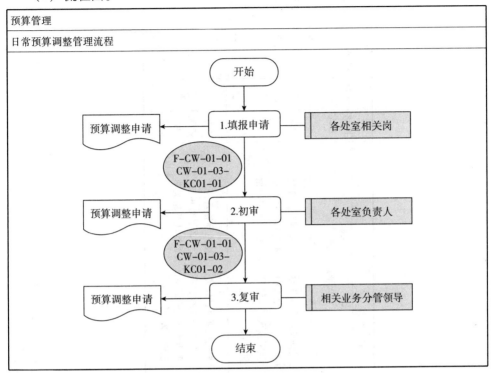

（2）流程信息表。

步骤序号	流程步骤	步骤说明	涉及层级	岗位名称	流转资料（评价证据）
1	填报申请	各处室如有预算调整需求，填写预算调整申请表，根据预算科目分类提交本处室负责人审核	"一基地一中心"	各处室相关岗	预算调整申请
2	初审	各处室负责人审核本处室预算调整申请表，重点审查变动原因、变动金额、变动项目是否真实及调整必要性，审核签字后提交处室分管领导审核	"一基地一中心"	各处室负责人	预算调整申请
3	复审	分管领导审批，重点审核预算调整需求必要性及相关材料完整性	"一基地一中心"	相关业务分管领导	预算调整申请

（3）控制矩阵。

控制目标				步骤编号	风险点名称	控制点编号	控制点名称	评价标准		控制证据	控制方式	涉及系统	控制频率	制度索引
资产安全	经营目标	报告目标	合法合规					控制点描述						
	√		√	2	预算编制与调整风险	CW-01-03-KC01-01	预算调整合理性控制	根据预算科目分类，由相关责任人对预算调整单据进行审核，重点审核预算调整需求必要性及相关单据完整性		预算调整申请	手工依赖IT控制	/	不定期	《国家电网有限公司全面预算管理办法》《国家电网企业全面预算管理办法》《企业内部控制应用指引第15号——全面预算》
	√		√	3	预算编制与调整风险	CW-01-03-KC01-02	预算调整合理性控制	根据预算科目分类，由分管领导对预算调整单据进行审核，重点审核预算调整必要性需求及相关单据完整性		预算调整申请	手工依赖IT控制	/	不定期	

（二）会计核算管理

1. 员工借款管理流程

（1）流程图。

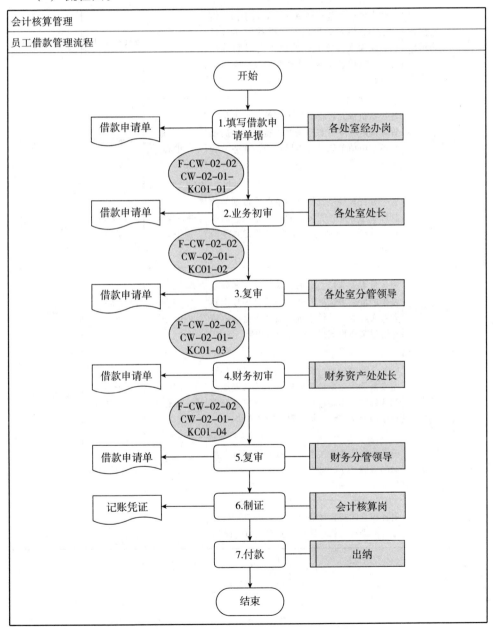

（2）流程信息表。

步骤序号	流程步骤	步骤说明	涉及层级	岗位名称	流转资料（评价证据）
1	填写借款申请单据	经办人员（员工）根据实际业务需要填写借款申请单，包括借款人、借款事由、借款金额、借款日期、预计报销或还款日期、款项支付方式、款项支付时间等内容。后续通过文本形式提交经办处室负责人审批	"一基地一中心"	各处室经办岗	借款申请单
2	业务初审	各处室负责人接收借款申请单后依据借款管理规定和业务实际需要进行审核，后续将借款申请单通过文本形式提交业务分管领导	"一基地一中心"	各处室处长	借款申请单
3	复审	处室分管领导接收借款申请单后依据借款管理规定和业务实际需要进行审核，后续将借款申请单通过文本形式提交财务资产处	"一基地一中心"	各处室分管领导	借款申请单
4	财务初审	财务负责人通过文本形式接收经办各处室发来的借款申请单后依据借款管理规定和业务实际需要进行审批，后续将借款申请单通过文本形式提交财务分管领导	"一基地一中心"	财务资产处处长	借款申请单
5	复审	财务分管领导通过文本形式接收经办各处室发来的借款申请单后依据借款管理规定和业务实际需要进行审批，后续将借款申请单通过文本形式提交财务制证专责	"一基地一中心"	财务分管领导	借款申请单
6	制证	财务核算岗通过文本形式接收经审批完整后的借款申请单，登记账务，生成会计凭证	"一基地一中心"	会计核算岗	记账凭证
7	付款	财务核算岗将会计凭证交由财务资产处资金专职进行付款。转至"资金支付流程"	"一基地一中心"	出纳	—

（3）控制矩阵。

| 控制目标 | | | | 步骤编号 | 风险点名称 | 控制点编号 | 控制点名称 | 评价标准 | | 控制证据 | 控制方式 | 涉及系统 | 控制频率 | 制度索引 |
资产安全	经营目标	报告目标	合法合规					控制点描述						
∨			∨	2	借款管理性风险	CW-02-01-KC01-01	借款真实性、合理性控制	各处室负责人接收借款申请单后依据借款管理规定和业务实际需要进行审核，合理。重点关注：借款事由的真实性、是否为预算内事项及是否符合预算额度、借款金额的合规性、预计报销或还款日期、款项支付方式、款项支付时间等内容，签字确认后将借款申请单通过文本形式提交分管领导		借款申请单	手工控制	/	不定期	《国家电网有限公司会计基础管理办法》《国家电网有限公司会计核算办法》《国家电网有限公司差旅费管理办法》《企业内部控制应用指引第6号——资金活动》
∨			∨	3	借款管理性风险	CW-02-01-KC01-02	借款真实性、合理性控制	处室分管领导接收借款申请单后依据借款管理规定和业务实际需要进行审核，合理性。重点关注：借款事由的真实性、是否为预算内事项及是否符合预算额度、借款金额的合规性、预计报销或还款日期、款项支付方式、款项支付时间等内容，签字确认后将借款申请单通过文本形式提交财务资产处		借款申请单	手工控制	/	不定期	

续表

控制目标				步骤编号	风险点名称	控制点编号	控制点名称	评价标准		控制证据	控制方式	涉及系统	控制频率	制度索引
资产安全	经营目标	报告目标	合法合规					控制点描述						
√			√	4	借款管理性风险	CW-02-01-KC01-03	借款真实性、合理性控制	财务负责人通过文本形式接收经办各处室发来的借款申请单后依据借款管理规定和业务实际需要进行审批，重点关注：借款事由的真实性、合理性及是否符合预算金额的合理性、款项支付方式、预计报销或还款日期、借款日期、签字确认内容，签字后将借款申请单通过文本形式传递至财务分管领导		借款申请单	手工控制	/	不定期	《国家电网有限公司会计基础管理办法》《国家电网有限公司会计核算办法》
√			√	5	借款管理性风险	CW-02-01-KC01-04	借款真实性、合理性控制	财务分管领导通过文本形式接收借款申请单后依据借款管理规定和业务实际需要进行审批，重点关注：借款事由的真实性、合理性及是否符合预算金额的合理性、款项支付方式、预计报销或还款日期、借款日期、签字确认内容，签字后将借款申请单通过文本形式传递至财务制证专责		借款申请单	手工控制	/	不定期	《国家电网有限公司差旅费管理办法》《企业内部控制应用指引第6号——资金活动》

2. 往来核算管理流程

（1）流程图。

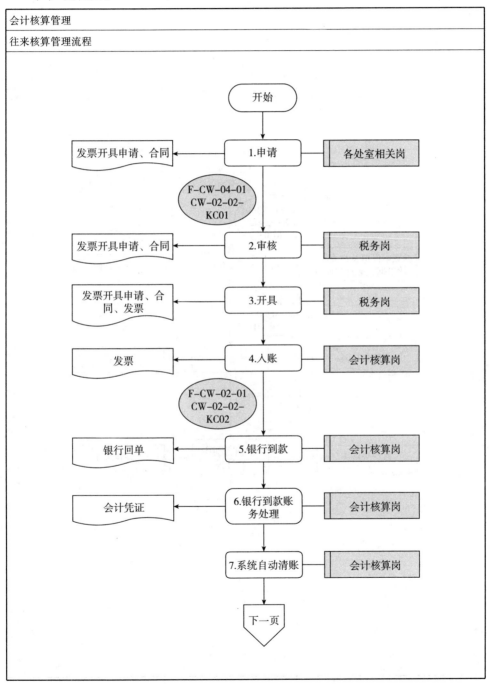

会计核算管理
往来核算管理流程

上一页

F-CW-02-01
CW-02-02-
KC03

挂账申请单及相关原始单据、会计凭证 ← 8.手工清账 — 会计核算岗

F-CW-03-04
CW-02-02-
KC04-01

账龄分析表 ← 9.应收账款催收 — 会计核算岗

F-CW-03-04
CW-02-02-
KC04-02

账龄分析表 ← 10.应收款项坏账计提 — 会计核算岗

结束

（2）流程信息表。

步骤序号	流程步骤	步骤说明	涉及层级	岗位名称	流转资料（评价证据）
1	申请	"一基地一中心"各处室在对外履行相应合同义务后，填写发票开具申请后提交分管领导和财务资产处审核	"一基地一中心"	各处室相关岗	发票开具申请；合同
2	审核	各业务负责人、分管领导、财务负责人、财务分管领导，依次审核。全部审核通过后提交财务专责开票	"一基地一中心"	税务岗	发票开具申请；合同
3	开具	财务专责检查审批流程完整后开具发票	"一基地一中心"	税务岗	发票开具申请；合同；发票
4	入账	开完发票后将发票记账联及其他附件资料交给税务专责，税务专责分发给核算会计入账。核算会计根据发票、合同、开票审批单等附件制证	"一基地一中心"	会计核算岗	发票
5	银行到款	核算会计在认款平台线上认领到账信息、审核认款数据。重点检查金额、付款人信息与认领到款信息中填列的付款人信息、金额信息是否一致。审核无误后进行账务处理	"一基地一中心"	会计核算岗	银行回单
6	银行到款账务处理	核算会计根据收款前对该单位的发票开具情况确定如何进行账务处理。若在认款前开具发票的，贷记"应收账款"，借记"银行存款"，若认款前未开具发票的，贷记"预收账款"，借记"银行存款"。财务资产处收入会计岗专责根据出纳提供的银行回单作为附件生成会计凭证	"一基地一中心"	会计核算岗	会计凭证
7	系统自动清账	财务资产处核算会计根据认款信息，确认自动匹配的清账项目是否准确。确认无误后进行自动清账处理	"一基地一中心"	会计核算岗	—

步骤序号	流程步骤	步骤说明	涉及层级	岗位名称	流转资料（评价证据）
8	手工清账	因款项认领出现误差，系统无法进行调整，需要在认款平台提交认款调整申请。业务单位财务联系人对接会计岗提交相应证明附件，包括更正信息证明材料等。对于同一利润中心不同经办处室经办人之间出现的认领差错，业务单位直接提供材料，跨利润中心的，需由提交申请的经办处室主管领导签字同意。财务资产处核算会计审核更正材料的准确性，手工在认款平台进行认款变更操作，同时在 SAP 系统中调整账务处理	"一基地一中心"	会计核算岗	挂账申请单及相关原始单据、会计凭证
9	应收账款催收	核算会计每年检查合同，根据合同付款条款判断合同收款条件是否满足。往来账款管理专责根据合同收款条款编制《应收账款存量清理指标》，下发至各处室进行款项催收	"一基地一中心"	会计核算岗	账龄分析表
10	应收款项坏账计提	往来账款管理专责于每年年度终了，对应收款项（含长期应收款）的可收回性进行全面分析、评估，预计可能发生的坏账损失。往来账款管理专责在 SAP 系统中以"客户"作为辅助核算项导出客户辅助账龄表。将客户辅助账龄表中隶属于同一控制方的单位的往来排除，剩余单位根据账龄测算坏账准备	"一基地一中心"	会计核算岗	账龄分析表

（3）控制矩阵。

控制目标				步骤编号	风险点名称	控制点编号	控制点名称	评价标准 控制点描述	控制证据	控制方式	涉及系统	控制频率	制度索引
资产安全	经营目标	报告目标	合法合规										
			√	2	纳税及发票管理风险	CW-02-02-KC01	发票开具合规性审核	各业务负责人、分管领导、财务负责人、财务分管领导依次审核的开票条件：开票单位是否与合同甲方一致；开票金额、税率是否正确；合同上甲乙双方是否加盖公章；资金来源是否合理。资料提是否齐全。对于产品销售收入，要求提供出库单、发货清单（需附邮寄快递运单和自行确认的发货报告。）或经客户确认的投运报告。出库单和发货清单至少应包括合同号、产品名称、数量、单位、单价、金额等信息。投运报告至少应包括客户名称、项目名称、项目负责人等信息。对于技术服务或验收款中要求提供服务时审核合同条款中要求达到开票条件的其他内容	发票开具申请表	手工控制	/	不定期	《国家电网有限公司会计基础管理办法》《国家电网有限公司会计核算办法》《国家电网公司往来款项管理办法》《企业内部控制应用指引第6号——资金活动》

续表

| 控制目标 | | | | 步骤编号 | 风险点名称 | 控制点编号 | 控制点名称 | 评价标准（控制点描述） | 控制证据 | 控制方式 | 涉及系统 | 控制频率 | 制度索引 |
资产安全	经营目标	报告目标	合法合规										
√				5	会计信息质量风险	CW-02-02-KC02	银行到账款准确性审核	核算会计在认款平台上审核认款数据。重点检查金额、付款人信息与认领认款信息中填列的付款人信息，金额信息是否一致，审核无误后进行账务处理	认款信息	手工依赖IT控制	认款平台	不定期	《国家电网有限公司会计基础管理办法》《国家电网有限公司会计核算办法》《国家电网公司往来款项管理办法》《企业内部控制应用指引第6号——资金活动》
√			√	8	会计信息质量风险	CW-02-02-KC03	手工清账合规性控制	检查待清账项《银行到账进账通知单》，并与纸质质收到进账单核对，确保及时妥当处理其他应收款项，尤其金额较大不明款项和长期不明需及时进行处理	挂账申请单及相关原始单据、会计凭证	手工控制	/	不定期	
√			√	9	应收账款风险	CW-02-KC04-01	账龄分析与坏账核算合理性控制	编制坏账计提表，确保账余额准确；确保应收款分析个别计提法及账龄分析，并根据适当的账龄分析，并根据财务政策计提坏账"一基地一中心"相关坏账计提准备	应收账款、其他应收款等债权发生的会计凭证、坏账计提分析报告（坏账计提表）、鉴证报告、坏账计提准备、内部审计（转回）内部审批单	手工控制	/	每年	

续表

控制目标					步骤编号	风险点名称	控制点编号	评价标准		控制证据	控制方式	涉及系统	控制频率	制度索引
资产安全	经营目标	报告目标	合法合规					控制点名称	控制点描述					
√		√			10	应收账款风险	CW-02-02-KC04-02	账龄分析与坏账核算合理性控制	编制坏账计提表，确保余额准确；确保账龄及往来应收账款项按个别计提法及账龄分析法进行适当的账龄分析，并根据"基地一中心"相关财务政策计提坏账准备	应收账款、其他应收款等债权发生的会计凭证、坏账计提报告（坏账计提表）、坏账准备计提报告、坏账转回）内部审批单	手工控制	/	每年	《国家电网有限公司会计基础管理办法》《国家电网有限公司会计核算办法》《国家电网公司往来款项管理办法》《企业内部控制应用指引第9号——销售业务》

3. 会计档案管理流程

（1）流程图。

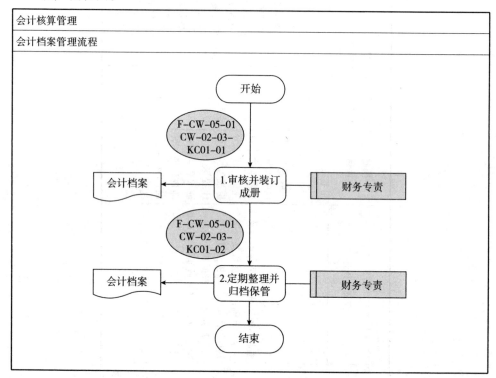

（2）流程信息表。

步骤序号	流程步骤	步骤说明	涉及层级	岗位名称	流转资料（评价证据）
1	审核并装订成册	财务各岗位通过文本形式接收财务档案管理专责发来的会计档案后，将会计档案装订成册	"一基地一中心"	财务专责	会计档案
2	定期整理并归档保管	依据会计档案管理规定和实际业务需要，定期组织财务人员整理并审核会计档案，会计档案按财务业务分类归口相关财务岗自行归档保管	"一基地一中心"	财务专责	会计档案

（3）控制矩阵。

控制目标				步骤编号	风险点名称	控制点编号	控制点名称	评价标准		控制证据	控制方式	涉及系统	控制频率	制度索引
资产安全	经营目标	报告目标	合法合规					控制点描述						
√				1	会计档案管理风险	CW-02-03-KC01-01	会计档案管理有效性控制	本层级会计主管审核会计档案，确保记账凭证与所附原始凭证单据齐全，记账凭证装订编号连续完整，不缺号，归档立案人员签字盖章齐全		会计档案	手工控制	/	不定期	《国家电网有限公司会计基础管理办法》《国家电网公司集体企业会计核算细则》《企业内部控制应用指引第18号——信息系统》
√				2	会计档案管理风险	CW-02-03-KC01-02	会计档案管理有效性控制	本层级会计主管审核会计档案，确保记账凭证与所附原始凭证单据齐全，记账凭证装订编号连续完整，不缺号，归档立案人员签字盖章齐全		会计档案	手工控制	/	不定期	

4. 年终决算报表填报管理流程

（1）流程图。

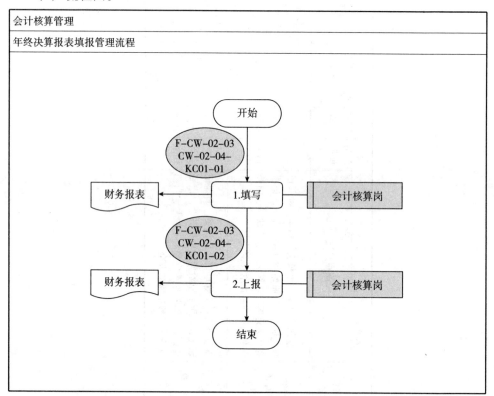

| 会计核算管理 |
| 年终决算报表填报管理流程 |

（2）流程信息表。

步骤序号	流程步骤	步骤说明	涉及层级	岗位名称	流转资料（评价证据）
1	填写	财务核算岗登录财务管控系统，填写"决算财务报表"，稽核决算财务报表与账务数据之间的勾稽关系	"一基地一中心"	会计核算岗	财务报表
2	上报	全部稽核通过后通知管控项目组辅助上报至上级单位	"一基地一中心"	会计核算岗	财务报表

（3）控制矩阵。

控制目标				步骤编号	风险点名称	控制点编号	评价标准			控制证据	控制方式	涉及系统	控制频率	制度索引
资产安全	经营目标	报告目标	合法合规				控制点名称	控制点描述						
		√		1	信息披露风险	CW-02-04-KC01-01	年报真实性、准确性控制	单位负责人审核单体年报主表及附表，确保会计报表内容真实、数据整体合理准确，反映及时，附注数据分析合理		财务报表	手工控制	/	每年	《国家电网有限公司会计基础管理办法》《企业内部控制应用指引第 14 号——财务报告》
		√		2	信息披露风险	CW-02-04-KC01-02	年报真实性、准确性控制	单位负责人审核单体年报主表及附表，确保会计报表内容真实、数据整体合理准确，反映及时，附注数据分析合理		财务报表	手工控制	/	每年	

（三）资金管理

1. 银行账户设立管理流程

（1）流程图。

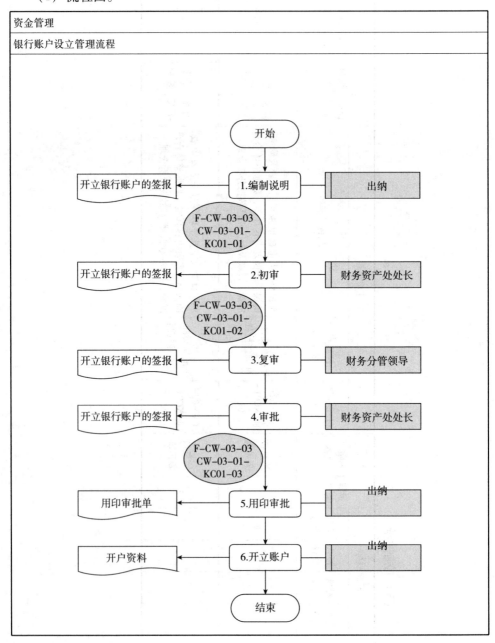

（2）流程信息表。

步骤序号	流程步骤	步骤说明	涉及层级	岗位名称	流转资料（评价证据）
1	编制说明	财务资产处资金专责根据银行账户开立需求，编制《关于开立银行账户的签报》，包括银行账户开立需求、账户性质等内容，书面递交至财务资产处负责人 由于开立银行账户性质的不同，签报发起处室除财务资产处外，也可以是其他有账户开立需求的处室，如关于补充医疗账户开立事项，可由党委组织部发起签报	"一基地一中心"	出纳	开立银行账户的签报
2	初审	财务资产处负责人审核《关于开立银行账户的签报》，重点审核开立需求是否合理	"一基地一中心"	财务资产处处长	开立银行账户的签报
3	复审	财务分管领导审核《关于开立银行账户的签报》，重点审核开立需求是否合理，告知财务资产处资金专责审核结果，准备线上签报审批流程	"一基地一中心"	财务分管领导	开立银行账户的签报
4	审批	财务负责人将经"一基地一中心"内部审核的银行账户设立事项上报上级单位财务部审批	上级单位	财务资产处处长	开立银行账户的签报
5	用印审批	上级单位审批通过后，财务资金岗准备开户许可证、营业执照、"一基地一中心"章程、结算协议、开户申请表、法人身份证复印件、授权委托书等材料，填写《用印审批单》，包括用印处室、经办人、用印种类、用印事由等，一并提交综合管理处印鉴管理人员，履行用印审批流程	"一基地一中心"	出纳	用印审批单
6	开立账户	财务资产处资金岗携带所有材料到银行办理账户开立手续	"一基地一中心"	出纳	开户资料

（3）控制矩阵。

控制目标				步骤编号	风险点名称	控制点编号	控制点名称	评价标准	控制证据	控制方式	涉及系统	控制频率	制度索引
资产安全	经营目标	报告目标	合法合规					控制点描述					
√				2	银行账户管理风险	CW-03-01-KC01-01	账户开立需要必要性、合理性控制	财务资产处负责人审核《关于开立银行账户开立需求审核是否合理》，重点审核开立需求是否合理	开立银行账户的签报	手工控制	/	不定期	《国家电网有限公司资金管理办法》《国家电网有限公司关于开立账户的通知》《企业内部控制应用指引第6号——资金活动》
√				3	银行账户管理风险	CW-03-01-KC01-02	账户开立需求必要性、合理性控制	财务分管领导审核《关于开立银行账户开立需求是否合理，重点审核资金专责审核结果，告知财务资产处资金专责审核结果	开立银行账户的签报	手工控制	/	不定期	
√				5	银行账户管理风险	CW-03-01-KC01-03	账户开立需求必要性、合理性控制	上级单位审批通过后，财务资金岗准备开户许可证、营业执照、"一基地一中心"章程、结算协议、开户申请表、法人身份证复印件、授权委托书等材料，包括用印申批单，用印种类、用印事由等，一并填写《用印申批单》，经办人、用印事由类、用印管理处合管综合管理人员，履行银行账户的用印综合审批流程	用印审批单、关于开立银行账户的签报	手工控制	/	不定期	

2. 银行账户变更管理流程

（1）流程图。

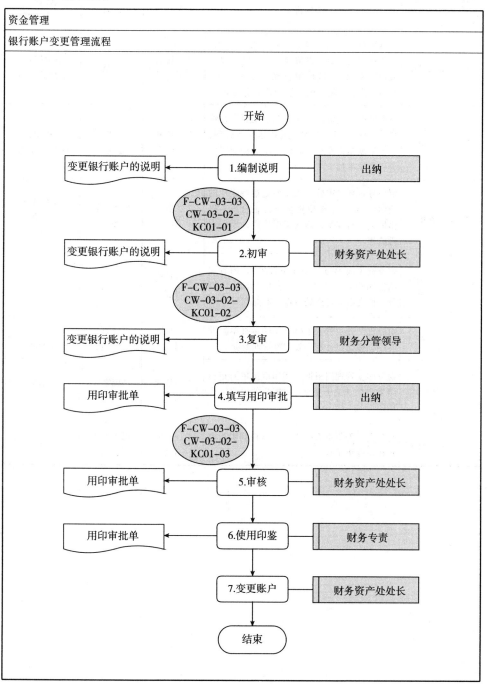

资金管理

银行账户变更管理流程

开始

变更银行账户的说明 ← 1.编制说明 — 出纳

F-CW-03-03
CW-03-02-
KC01-01

变更银行账户的说明 ← 2.初审 — 财务资产处处长

F-CW-03-03
CW-03-02-
KC01-02

变更银行账户的说明 ← 3.复审 — 财务分管领导

用印审批单 ← 4.填写用印审批 — 出纳

F-CW-03-03
CW-03-02-
KC01-03

用印审批单 ← 5.审核 — 财务资产处处长

用印审批单 ← 6.使用印鉴 — 财务专责

7.变更账户 — 财务资产处处长

结束

（2）流程信息表。

步骤序号	流程步骤	步骤说明	涉及层级	岗位名称	流转资料（评价证据）
1	编制说明	根据银行账户变更需求，结合相关要求，财务资产处资金专责编制《关于变更银行账户的说明》，包括银行账户变更需求、原因等内容，提交财务资产处负责人审批	"一基地一中心"	出纳	变更银行账户的说明
2	初审	财务资产处负责人审核《关于变更银行账户的说明》，重点审核变更需求是否合理，提供依据是否齐全，确认无误后提交财务分管领导审批	"一基地一中心"	财务资产处处长	变更银行账户的说明
3	复审	财务分管领导审核《关于变更银行账户的说明》，重点审核变更需求是否合理，提供依据是否齐全，确认无误后进入用印审批流程	"一基地一中心"	财务分管领导	变更银行账户的说明
4	填写用印审批	财务资金岗填写《用印审批单》，内容包括使用事项、事由、经办人、单位主管等，提交财务资产处负责人审批	"一基地一中心"	出纳	用印审批单
5	审核	财务资产处负责人审核《用印审批单》并签字，提交财务资产处印鉴管理专责	"一基地一中心"	财务资产处处长	用印审批单
6	使用印鉴	财务印鉴管理岗根据《用印审批单》审核结果，在《关于变更银行账户的说明》上用印	"一基地一中心"	财务专责	用印审批单
7	变更账户	财务资产处负责人携带所有材料到银行办理账户变更手续	"一基地一中心"	财务资产处处长	—

（3）控制矩阵。

控制目标				步骤编号	风险点名称	控制点编号	评价标准			控制方式	涉及系统	控制频率	制度索引
资产安全	经营目标	报告目标	合法合规				控制点名称	控制点描述	控制证据				
√				2	银行账户管理风险	CW-03-02-KC01-01	账户变更需求必要性、合理性控制	财务资产处负责人审核《关于变更银行账户需求的说明》，重点审核依据是否齐全、合理，提供依据，提交财务分管领导审批	《关于变更银行账户的说明》	手工控制	/	不定期	《国家电网有限公司资金管理办法》《国家电网有关于开立账户的通知》《企业内部控制应用指引第6号——资金活动》
√				3	银行账户管理风险	CW-03-02-KC01-02	账户变更需求必要性、合理性控制	财务分管领导审核《关于变更银行账户的说明》，重点审核变更需求是否合理，确认无误后进入用印审批流程	《关于变更银行账户的说明》	手工控制	/	不定期	
√				5	银行账户管理风险	CW-03-02-KC01-03	账户变更需求必要性、合理性控制	财务资产处负责人审核《用印审批单》并签字，递交财务资产主管处资金主管	印章审批单	手工控制		不定期	

3. 银行账户撤销管理流程

（1）流程图。

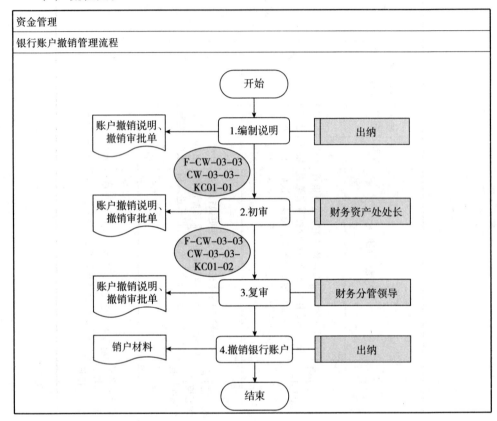

（2）流程信息表。

步骤序号	流程步骤	步骤说明	涉及层级	岗位名称	流转资料（评价证据）
1	编制说明	根据银行账户撤销需求，出纳编制《关于撤销银行账户的说明》，包括银行账户撤销需求、原因等内容，提交财务资产处处长	"一基地一中心"	出纳	账户撤销说明、撤销审批单
2	初审	财务资产处处长进行审核，重点审核账户撤销依据是否充分、材料是否完整	"一基地一中心"	财务资产处处长	账户撤销说明、撤销审批单
3	复审	财务分管领导进行复审，重点审核账户撤销依据是否充分、材料是否完整	"一基地一中心"	财务分管领导	账户撤销说明、撤销审批单
4	撤销银行账户	出纳携带所有材料到银行办理账户撤销手续	"一基地一中心"	出纳	销户材料

（3）控制矩阵。

控制目标				步骤编号	风险点名称	控制点编号	评价标准		控制证据	控制方式	涉及系统	控制频率	制度索引
资产安全	经营目标	报告目标	合法合规				控制点名称	控制点描述					
√				2	银行账户管理风险	CW-03-03-KC01-01	账户撤销需求必要性、合理性控制	财务资产处负责人进行审核，重点审核账户撤销依据是否充分、材料是否完整	撤销银行账户的说明、账户撤销审批单	手工控制	/	不定期	《国家电网有限公司资金管理办法》《国家电网有限公司关于开立账户的通知》《企业内部控制应用指引第6号——资金活动》
√				3	银行账户管理风险	CW-03-03-KC01-02	账户撤销需求必要性、合理性控制	财务分管领导进行复审，重点审核账户撤销依据是否充分、材料是否完整	撤销银行账户的说明、账户撤销审批单	手工控制	/	不定期	

4. 银行预留印鉴管理流程

（1）流程图。

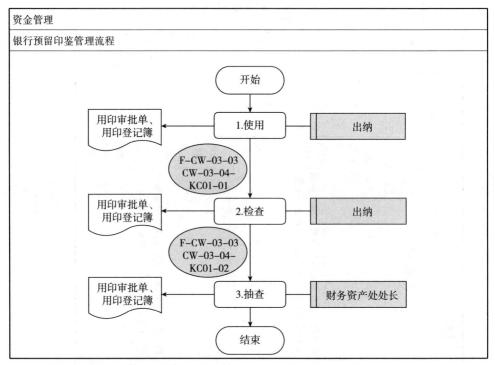

（2）流程信息表。

步骤序号	流程步骤	步骤说明	涉及层级	岗位名称	流转资料（评价证据）
1	使用	业务人员提交经过业务处室领导审批的《用印审批单》提交财务分管领导授权人审批后交给印鉴管理人员，并结合印章使用事项在《财务印鉴使用登记簿》《支票登记簿》上登记，详细注明使用日期、用途、金额等内容	"一基地一中心"	出纳	用印审批单、用印登记簿
2	检查	银行财务印鉴必须设置3个印章，包括1个公章、1个财务专用章、1个人名章，确保三人三章分开保管使用，印章不使用时应锁于保险柜内。财务资产处管理印鉴人员检查经办人提交的《使用财务有关印章审批单》和《财务印鉴使用登记簿》，重点关注印鉴使用是否经过审批，日期、用途、金额等信息是否完整，防止未经批准使用财务印鉴	"一基地一中心"	出纳	用印审批单、用印登记簿
3	抽查	财务资产处负责人抽查《财务印鉴使用登记簿》，重点检查用印合规性，抽查后还给财务印鉴管理人员	"一基地一中心"	财务资产处处长	用印审批单、用印登记簿

（3）控制矩阵。

| 控制目标 | | | | 步骤编号 | 风险点名称 | 控制点编号 | 评价标准 | | 控制证据 | 控制方式 | 涉及系统 | 控制频率 | 制度索引 |
资产安全	经营目标	报告目标	合法合规				控制点名称	控制点描述					
√				2	银行账户管理风险	CW-03-04-KC01-01	财务印鉴使用规范性审批	银行财务印鉴必须设置3个印章，包括1个公章，1个财务专用章，1个人名章，确保用时分开保管。不使用时应锁于三章专用保险柜内。财务资产处管理印鉴人员检查经办人提交的《用印审批单》和《财务印鉴使用登记簿》，重点关注印鉴是否经过审批，日期、用途、金额等信息是否完整，防止未经批准使用财务印鉴	《财务印鉴使用登记表》	手工控制	/	不定期	《国家电网有限公司资金管理办法》《中国电科院关于印发印章管理办法等四项制度的通知》《企业内部控制应用指引第6号——资金活动》
√			√	3	银行账户管理风险	CW-03-04-KC01-02	财务印鉴使用规范性审批	财务资产处负责人抽查《财务印鉴使用登记簿》，重点检查用印合规性、抽查后还给财务印鉴管理人员	《财务印鉴使用登记表》	手工控制	/	不定期	

5. 现金盘点管理流程

（1）流程图。

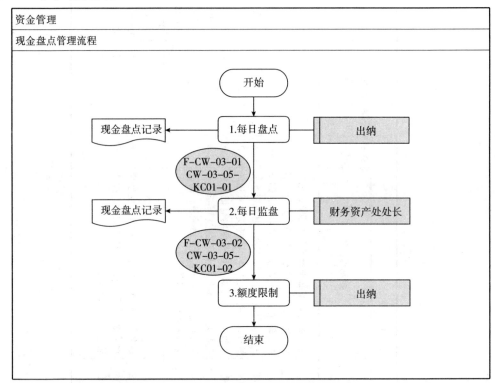

（2）流程信息表。

步骤序号	流程步骤	步骤说明	涉及层级	岗位名称	流转资料（评价证据）
1	每日盘点	出纳每日盘点库存现金、编制现金盘点表，确保做到日清日结、账实相符	"一基地一中心"	出纳	现金盘点记录
2	每日监盘	财务资产处处长或会计核算岗每日现场监督盘点现金，审核现金盘点表，确保库存现金实盘金额与现金日记账金额一致	"一基地一中心"	财务资产处处长	现金盘点记录
3	额度限制	出纳需将除备用金外所有现金存至银行，送存人员在2人以上，配备必要的车辆和安保措施	"一基地一中心"	出纳	—

（3）控制矩阵。

| 控制目标 | | | | 步骤编号 | 风险点名称 | 控制点编号 | 控制点名称 | 评价标准 | | | | | 制度索引 |
资产安全	经营目标	报告目标	合法合规					控制点描述	控制证据	控制方式	涉及系统	控制频率	
√				2	资金结算风险	CW-03-05-KC01-01	库存现金实盘金额一致性控制	财务资产处负责人或会计核算岗每日现场监督盘点现金，审核现金盘点表，确保库存现金实盘金额与现金日记账账金额一致。开展盘点现金与对账工作，确查账账相符、账实相符、账表相符	现金盘点记录	手工控制	/	每日	《国家电网有限公司资金管理办法》《企业内部控制应用指引第6号——资金活动》
√				3	资金存量管理风险	CW-03-05-KC01-02	库存现金实盘金额一致性控制	财务资产处出纳岗应当每日盘点现金库存，库存现金余额超"一基地一中心"备用现金额度时需及时存至"一基地一中心"银行账户，保证库存现金安全	现金盘点记录	手工控制	/	每日	

6. 资金支付（费用报销）管理流程

（1）流程图。

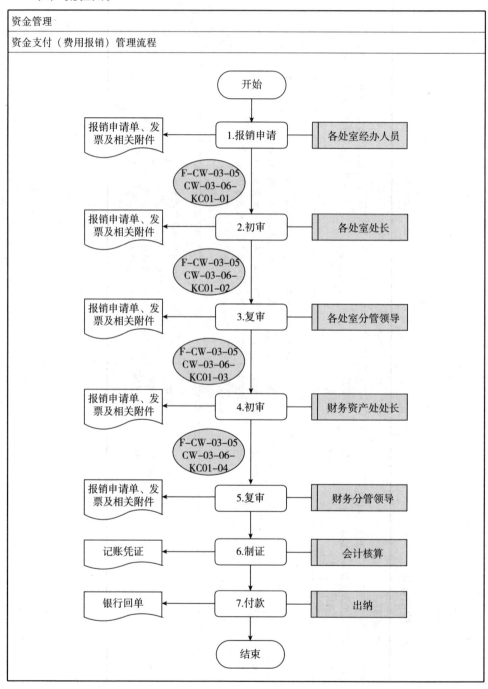

（2）流程信息表。

步骤序号	流程步骤	步骤说明	涉及层级	岗位名称	流转资料（评价证据）
1	报销申请	转自"员工借款及支付流程"。经办人员依照报销管理规定和实际业务需要提供发票和报销单。将发票和报销单通过文本形式提交经办处室负责人	"一基地一中心"	各处室经办人员	报销申请单、发票及相关附件
2	初审	经办处室负责人通过文本形式接收经办人员发来的发票和报销单后，依据报销管理规定和实际业务需要进行审核，通过后将发票和报销单通过文本形式提交处室分管领导	"一基地一中心"	各处室处长	报销申请单、发票及相关附件
3	复审	处室分管领导通过文本形式接收各处室负责人审批后的发票和报销单，依据报销管理规定和实际业务需要进行审核，通过后将发票和报销单通过文本形式提交财务资产处	"一基地一中心"	各处室分管领导	报销申请单、发票及相关附件
4	初审	财务负责人通过文本形式接收处室分管领导审批后的报销单，依据借款管理规定和业务实际需要进行审批，通过后将借款申请单通过文本形式提交财务分管领导	"一基地一中心"	财务资产处处长	报销申请单、发票及相关附件
5	复审	财务分管领导通过文本形式接收财务负责人审批后的报销单，依据借款管理规定和业务实际需要进行审批，通过后将借款申请单通过文本形式提交财务核算岗	"一基地一中心"	财务分管领导	报销申请单、发票及相关附件
6	制证	财务核算岗通过文本形式接收财务分管领导发来的借款申请单后，制作会计凭证	"一基地一中心"	会计核算	记账凭证
7	付款	出纳根据实际金额付款至相关账户	"一基地一中心"	出纳	银行回单

（3）控制矩阵。

控制目标				步骤编号	风险点名称	控制点编号	控制点名称	评价标准		控制证据	控制方式	涉及系统	控制频率	制度索引
资产安全目标	经营目标	报告目标	合法合规					控制点描述						
√			√	2	报销事项不真实、不准确风险	CW-03-06-KC01-01	报销事项真实性、准确性控制	经办处室负责人通过文本形式接收经办人员发来的发票和报销单后，依据报销管理规定进行审核，重点关注报销单填写的正确性、完整性、报销内容等，合规性和发票的真实性、合规性等内容，并签字确认。之后将发票和报销单通过文本形式提交处室分管领导		报销申请单、发票及相关附件	手工控制	/	不定期	《国家电网有限公司会计基础管理办法》《国家电网有限公司会计核算办法》《国家电网有限公司差旅费管理办法》《企业内部控制应用指引第6号——资金活动》
√			√	3	报销事项不真实、不准确风险	CW-03-06-KC01-02	报销事项真实性、准确性控制	处室分管领导通过文本形式接收处室负责人审批后的发票和报销单，依据报销管理规定和实际业务需要进行审核，重点关注报销单填写的正确性、完整性、报销内容、合规性和发票的真实性、合规性等内容，并签字确认。之后将报销单通过文本形式提交财务处产处		报销申请单、发票及相关附件	手工控制	/	不定期	

续表

控制目标				步骤编号	风险点名称	控制点编号	评价标准		控制证据	控制方式	涉及系统	控制频率	制度索引
资产安全	经营目标	报告目标	合法合规				控制点名称	控制点描述					
√	√		√	4	报销事项不真实、不准确风险	CW-03-06-KC01-03	报销事项真实性、准确性控制	财务负责人通过文本形式接收借款处分管领导审批后的发票和报销单，依据借款管理规定要进行审批，重点关注报销单填写的正确性、完整性，报销事项和发票的真实性、合规性等内容，并签字确认，之后将借款申请单通过文本形式传递至财务分管领导	报销申请单、发票及相关附件	手工控制	/	不定期	《国家电网有限公司会计基础管理办法》《国家电网有限公司会计核算办法》《国家电网有限公司差旅费管理办法》《企业内部控制应用指引第6号——资金活动》
√	√		√	5	报销事项不真实、不准确风险	CW-03-06-KC01-04	报销事项真实性、准确性控制	财务分管领导通过文本形式接收财务负责人审批后的报销单，依据报销管理规定和业务实际需要进行审批，重点关注报销单填写的正确性、完整性，报销事项和发票的真实性、合理性等内容，并签字确认，之后将借款申请单通过文本形式传递至财务核算岗	报销申请单、发票及相关附件	手工控制	/	不定期	

（四）税务管理

1. 增值税纳税申报管理流程

（1）流程图。

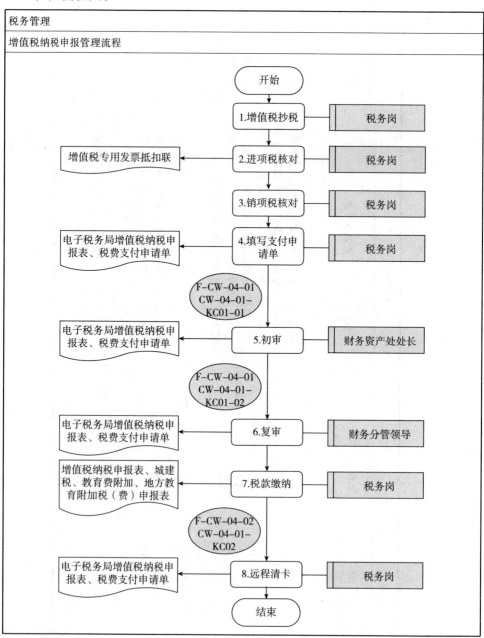

（2）流程信息表。

步骤序号	流程步骤	步骤说明	涉及层级	岗位名称	流转资料（评价证据）
1	增值税抄税	财务资产处税务岗每月月初将本机的金税盘插入计算机，登录增值税发票税控开票软件，在计算机连接互联网状态下开票系统自动进行上报汇总，如未自动上报汇总，在报税处理模块里执行【上报汇总】，完成抄税工作	"一基地一中心"	税务岗	—
2	进项税核对	打开发票勾选网址，输入税控盘密码进行登录，在增值税发票选择确认平台找出本期需要抵扣的进项税发票，与财务资产处税务岗收集留存的增值税专用发票抵扣联进行核对，核对无误后勾选发票确认提交	"一基地一中心"	税务岗	增值税专用发票抵扣联
3	销项税核对	财务资产处税务岗对金税系统中的销项税额和计入"应交税费—增值税—销项税""应交税费—简易计税"中的税额进行核对，保证一致	"一基地一中心"	税务岗	—
4	填写支付申请单	财务资产处税务岗根据税务相关数据和税控系统数据填写电子税务局增值税纳税申报表，并填写税费支付申请单后提交财务负责人审核	"一基地一中心"	税务岗	电子税务局增值税纳税申报表、税费支付申请单
5	初审	财务负责人审核财务资产处税务岗提交的增值税纳税申报表和税费支付申请单，重点关注各明细数字间的勾稽关系是否合理、数字是否准确，确认无误后签字，之后提交财务分管领导审核	"一基地一中心"	财务资产处处长	电子税务局增值税纳税申报表、税费支付申请单
6	复审	财务分管领导审核增值税纳税申报表和税费支付申请单，重点关注数据整体合理性、各明细数字间的勾稽关系是否合理、数字是否准确等，确认无误后签字，之后流转至财务资产处税务岗	"一基地一中心"	财务分管领导	电子税务局增值税纳税申报表、税费支付申请单
7	税款缴纳	财务资产处税务岗根据审核后的增值税纳税申报表缴纳所属期的增值税及附加税	"一基地一中心"	税务岗	增值税纳税申报表、城建税、教育费附加、地方教育附加税（费）申报表
8	远程清卡	纳税申报工作完成后，财务资产处税务岗在征期内再次将本机的金税盘插入计算机，登录增值税发票税控开票软件，完成自动清卡工作。登录开票系统过程中请保持电脑网络畅通，否则会影响清卡	"一基地一中心"	税务岗	电子税务局增值税纳税申报表、税费支付申请单

（3）控制矩阵。

控制目标				步骤编号	风险点名称	控制点编号	评价标准		控制证据	控制方式	涉及系统	控制频率	制度索引
资产安全	经营目标	报告目标	合法合规				控制点名称	控制点描述					
✓				5	财税管理风险	CW－04－01－KC01－01	增值税申报准确性控制	财务资产处负责人书面审核增值税纳税申报表和税费支付申请单，重点关注数据整体合理性、各明细数字之间的勾稽关系是否合理、数字是否准确无误后签字	增值税纳税申报表、税费支付申请单	手工依赖IT控制	国家税务总局电子税务局	每月	《国家电网有限公司纳税管理办法》《国家电网有限公司会计基础管理办法》《中华人民共和国增值税暂行条例》
✓				6	财税管理风险	CW－04－01－KC01－02	增值税申报准确性控制	财务分管领导书面审核增值税纳税申报表和税费支付申请单，重点关注数据整体合理性、各明细数字之间的勾稽关系是否合理、数字是否准确无误后签字	增值税纳税申报表、税费支付申请单	手工依赖IT控制	国家税务总局电子税务局	每月	
✓				8	金税盘管理风险	CW－04－01－KC02	清卡及时性控制	纳税申报工作完成后，财务资产处税岗在征期内将本机的金税盘插入计算机，登录增值税发票开票软件，完成自动清卡工作。登录开票系统过程中请保持电脑网络畅通，否则会影响清卡	增值税纳税申报表、税费支付申请单	系统控制	增值税发票开票软件	每月	

2. 企业所得税纳税申报管理流程

（1）流程图。

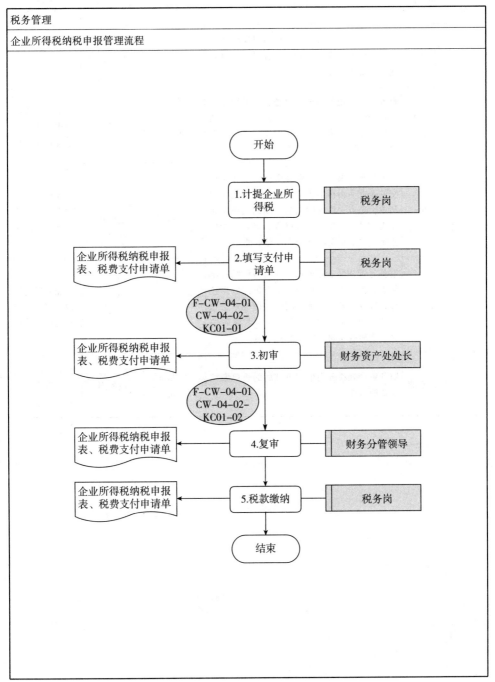

税务管理

企业所得税纳税申报管理流程

开始

1.计提企业所得税 —— 税务岗

企业所得税纳税申报表、税费支付申请单 ←— 2.填写支付申请单 —— 税务岗

F-CW-04-01 CW-04-02-KC01-01

企业所得税纳税申报表、税费支付申请单 ←— 3.初审 —— 财务资产处处长

F-CW-04-01 CW-04-02-KC01-02

企业所得税纳税申报表、税费支付申请单 ←— 4.复审 —— 财务分管领导

企业所得税纳税申报表、税费支付申请单 ←— 5.税款缴纳 —— 税务岗

结束

（2）流程信息表。

步骤序号	流程步骤	步骤说明	涉及层级	岗位名称	流转资料（评价证据）
1	计提企业所得税	每月结账后，财务资产处税务岗根据"一基地一中心"账务中列示的损益数据计算当期企业所得税	"一基地一中心"	税务岗	—
2	填写支付申请单	财务资产处税务岗根据财务管控系统中财务快报的经营数据填写电子税务局企业所得税纳税申报表，填写税费支付申请单后书面提交财务负责人审核	"一基地一中心"	税务岗	企业所得税纳税申报表、税费支付申请单
3	初审	财务负责人书面审核财务资产处税务岗提交的企业所得税纳税申报表和税费支付申请单，重点关注各明细数字间的勾稽关系是否合理、数字是否准确等，确认无误后签字。之后提交财务分管领导审批	"一基地一中心"	财务资产处处长	企业所得税纳税申报表、税费支付申请单
4	复审	财务分管领导书面审核企业所得税纳税申报表和税费支付申请单，重点关注数据整体合理性、各明细数字间的勾稽关系是否合理、数字是否准确等，确认无误后签字，之后提交财务资产处税务岗	"一基地一中心"	财务分管领导	企业所得税纳税申报表、税费支付申请单
5	税款缴纳	财务资产处税务岗根据审核后的表单缴纳企业所得税	"一基地一中心"	税务岗	企业所得税纳税申报表、税费支付申请单

（3）控制矩阵。

控制目标				步骤编号	风险点名称	控制点编号	控制点名称	评价标准		控制证据	控制方式	涉及系统	控制频率	制度索引
资产安全	经营目标	报告目标	合法合规						控制点描述					
√				3	财税管理风险	CW-04-02-KC01-01	企业所得税申报准确性控制	财务资产岗提交的企业所得税纳税申报表和税费支付申请单间的勾稽关系是否合理等，确认无误后签字	财务资产处负责人书面审核财务资产处税费支付申请单，重点关注各明细数字是否准确	企业所得税纳税申报表、税费支付申请单	手工依赖IT控制	国家税务总局电子税务局	每月	《国家电网有限公司纳税管理办法》《国家电网有限公司会计基础管理办法》
√				4	财税管理风险	CW-04-02-KC01-02	企业所得税申报准确性控制	财务分管领导书面审核企业所得税纳税申报表和税费支付申请单据整体合理性、各明细数字是否准确，数字是否合理、申报表是否合理、重点关注数字间的勾稽数字是否准确，确认无误后签字	企业所得税纳税申报表、税费支付申请单		手工依赖IT控制	国家税务总局电子税务局	每月	《中华人民共和国企业所得税法》

3. 个人所得税代扣代缴管理流程

（1）流程图。

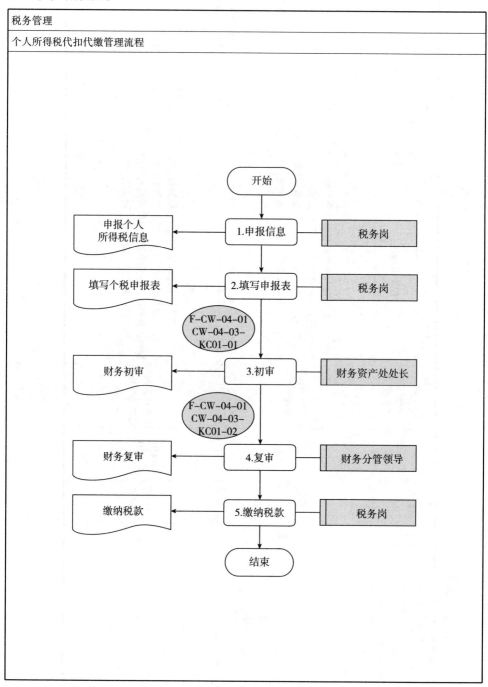

| 税务管理 |
| 个人所得税代扣代缴管理流程 |

开始

申报个人所得税信息 ← 1.申报信息 ← 税务岗

填写个税申报表 ← 2.填写申报表 ← 税务岗

F-CW-04-01
CW-04-03-
KC01-01

财务初审 ← 3.初审 ← 财务资产处处长

F-CW-04-01
CW-04-03-
KC01-02

财务复审 ← 4.复审 ← 财务分管领导

缴纳税款 ← 5.缴纳税款 ← 税务岗

结束

（2）流程信息表。

步骤序号	流程步骤	步骤说明	涉及层级	岗位名称	流转资料（评价证据）
1	申报信息	综合管理处专责根据薪酬单据，按月统计个税数据，并填写税费支付申请单提交财务资产处	"一基地一中心"	税务岗	申报个人所得税信息
2	填写申报表	财务资产处税务岗按照综合管理处统计的个税数据将员工税前收入、五险一金、专项附加扣除等信息填报到自然人个税代扣代缴客户端，并填写税费支付申请单提交财务负责人审核	"一基地一中心"	税务岗	填写个税申报表
3	初审	财务资产处负责人审核财务资产处税务岗提交的自然人个税代扣代缴客户端表单，将自然人个税代扣代缴客户端反馈的数据与账务中的个税信息进行比对，重点关注数据整体合理性、各明细数字间的勾稽关系是否合理、数字是否准确等。审核无误后签字，之后提交财务分管领导审批	"一基地一中心"	财务资产处处长	财务初审
4	复审	财务分管领导审核财务资产处税务岗提交的自然人个税代扣代缴客户端表单，将自然人个税代扣代缴客户端反馈的数据与账务中的个税信息进行比对，重点关注数据整体合理性、各明细数字间的勾稽关系是否合理、数字是否准确等。审核无误后签字，之后提交财务资产处税务岗	"一基地一中心"	财务分管领导	财务复审
5	缴纳税款	财务资产处税务岗根据审核后的表单缴纳代扣代缴的个人所得税	"一基地一中心"	税务岗	缴纳税款

（3）控制矩阵。

控制目标				步骤编号	风险点名称	控制点编号	控制点名称	评价标准 控制点描述	控制证据	控制方式	涉及系统	控制频率	制度索引
资产安全	经营目标	报告目标	合法合规										
√				3	财税管理风险	CW-04-03-KC01-01	个人所得税申报准确性控制	财务资产处负责人审核财务资产处税务岗提交的自然人个税代扣代缴客户端表单，将自然人个税代扣代缴客户端信息反馈进行比对，各明细数据整体是否合理、各明细数据中的个税信息反馈，重点关注数据与账务中的勾稽关系是否合理、数字是否准确等。审核无误后签字	自然人个税代扣代缴客户端表单、税费支付申请单	手工依赖IT控制	国家税务总局电子税务局	每月	《国家电网有限公司纳税管理办法》《国家电网有限公司会计基础管理办法》
√				4	财税管理风险	CW-04-03-KC01-02	个人所得税申报准确性控制	财务分管领导审核财务资产处税务岗提交的自然人个税代扣代缴客户端表单，将自然人个税代扣代缴客户端信息反馈的数据进行比对，各明细数据整体是否合理、各明细数据中的个税，重点关注数据与账务同的勾稽关系是否合理、数字是否准确等。审核无误后签字	自然人个税代扣代缴客户端表单、税费支付申请单	手工依赖IT控制	国家税务总局电子税务局	每月	《中华人民共和国个人所得税法》《中华人民共和国税收征收管理办法》

4. 印花税计提及缴纳管理流程

（1）流程图。

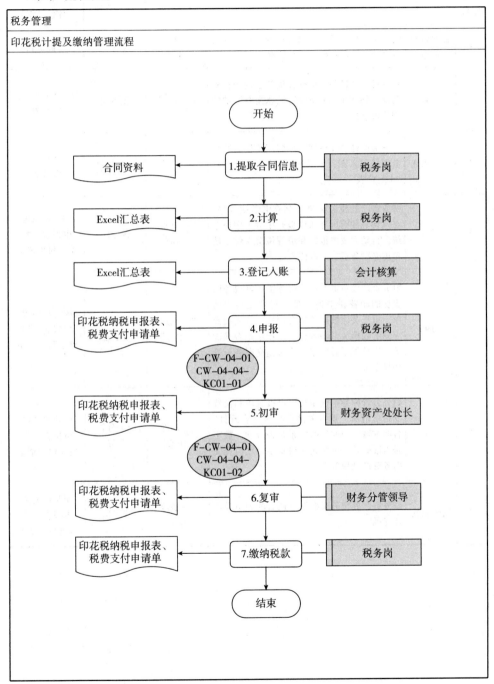

税务管理

印花税计提及缴纳管理流程

开始

合同资料 ← 1.提取合同信息 — 税务岗

Excel汇总表 ← 2.计算 — 税务岗

Excel汇总表 ← 3.登记入账 — 会计核算

印花税纳税申报表、税费支付申请单 ← 4.申报 — 税务岗

F-CW-04-01
CW-04-04-
KC01-01

印花税纳税申报表、税费支付申请单 ← 5.初审 — 财务资产处处长

F-CW-04-01
CW-04-04-
KC01-02

印花税纳税申报表、税费支付申请单 ← 6.复审 — 财务分管领导

印花税纳税申报表、税费支付申请单 ← 7.缴纳税款 — 税务岗

结束

（2）流程信息表。

步骤序号	流程步骤	步骤说明	涉及层级	岗位名称	流转资料（评价证据）
1	提取合同信息	财务资产处税务岗在每月征期之前根据物资资产处合同台账，汇总数据	"一基地一中心"	税务岗	合同资料
2	计算	财务资产处税务岗根据计提的合同印花税明细，使用 Excel 按科目汇总需要缴纳的印花税金额	"一基地一中心"	税务岗	Excel汇总表
3	登记入账	财务资产处会计核算岗按照印花税需缴纳金额登记入账，生成凭证。凭证后附 Excel汇总表	"一基地一中心"	会计核算	Excel汇总表
4	申报	财务资产处税务岗进入北京电子税务局，在《印花税合同导入模板》中导入申报系统，自动完成申报，并填写税费支付申请单提交财务负责人审核	"一基地一中心"	税务岗	印花税纳税申报表、税费支付申请单
5	初审	财务资产处负责人审核财务资产处税务岗提交的印花税申报表单和税费支付申请单，重点关注数据整体合理性、各明细数字间的勾稽关系是否合理、数字是否准确等。审核无误后签字，之后提交财务分管领导审批	"一基地一中心"	财务资产处处长	印花税纳税申报表、税费支付申请单
6	复审	财务分管领导审核印花税申报表单和税费支付申请单，重点关注数据整体合理性、各明细数字间的勾稽关系是否合理、数字是否准确等。审核无误后签字，之后提交财务资产处税务岗	"一基地一中心"	财务分管领导	印花税纳税申报表、税费支付申请单
7	缴纳税款	财务资产处税务岗根据审核后的表单缴纳印花税	"一基地一中心"	税务岗	印花税纳税申报表、税费支付申请单

（3）控制矩阵。

控制目标				步骤编号	风险点名称	控制点编号	控制点名称	评价标准		控制证据	控制方式	涉及系统	控制频率	制度索引
资产安全	经营目标	报告目标	合法合规					控制点描述						
∨				5	财税管理风险	CW-04-04-KC01-01	印花税计提准确性控制	财务资产处负责人审核财务资产处税务岗提交的印花税纳税申报表，重点关注数据整体合理性、各明细数字之间的勾稽关系是否准确等，审核无误后签字		印花税纳税申报表、税费支付申请单	手工依赖IT控制	国家税务总局电子税务局	每月	《国家电网有限公司纳税管理办法》《国家电网有限公司会计基础管理办法》《中华人民共和国印花税暂行条例》《中华人民共和国税收征收管理办法》
∨				6	财税管理风险	CW-04-04-KC01-02	印花税计提准确性控制	财务分管领导审核财务资产处税务岗提交的印花税纳税申报表，重点关注数据整体合理性、各明细数字之间的勾稽关系是否准确，数字是否准确无误后签字		印花税纳税申报表、税费支付申请单	手工依赖IT控制	国家税务总局电子税务局	每月	

第八章　物资管理

一、物资管理流程目录

序号	二级流程编号	二级流程名称	末级流程编号	末级流程名称
1	WZ-01	采购管理	WZ-01-01	采购计划管理
2			WZ-01-02	采购实施管理
3			WZ-01-03	合同审核与签署管理
4	WZ-02	实物管理	WZ-02-01	固定资产新增管理
5			WZ-02-02	无形资产新增管理
6			WZ-02-03	低值易耗品新增管理
7			WZ-02-04	固定资产报废管理
8			WZ-02-05	固定资产盘点管理
9	WZ-03	仓储管理	WZ-03-01	入库出库管理
10	WZ-04	车辆管理	WZ-04-01	用车计划申请管理
11			WZ-04-02	车辆保养维护管理

二、流程图与控制矩阵

（一）采购管理

1. 采购计划管理流程

（1）流程图。

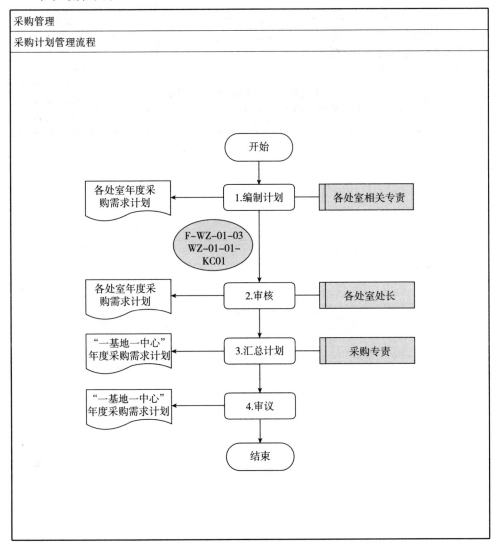

（2）流程信息表。

步骤序号	流程步骤	步骤说明	涉及层级	岗位名称	流转资料（评价证据）
1	编制计划	各处室相关专责编制本处室的年度采购需求计划，计划内容包括采购事项、实施范围、类别、金额，采购方式等。将年度采购需求计划提交本处室负责人审核	"一基地一中心"	各处室相关专责	各处室年度采购需求计划
2	审核	处室负责人审核年度采购需求计划编制的科学性、合理性。之后提交物资资产处	"一基地一中心"	各处室处长	各处室年度采购需求计划
3	汇总计划	物资资产处根据各处室提交的需求计划汇总编制"一基地一中心"年度采购需求计划，提交总经理办公会审议	"一基地一中心"	采购专责	"一基地一中心"年度采购需求计划
4	审议	总经理办公会审议年度采购需求计划，审议通过后报上级单位审批后实施采购	"一基地一中心"	—	"一基地一中心"年度采购需求计划

（3）控制矩阵。

控制目标			步骤编号	风险点名称	评价标准			控制证据	控制方式	涉及系统	控制频率	制度索引
					控制点编号	控制点名称	控制点描述					
资产安全	经营目标	报告目标	合法合规										
	√			2	采购管理风险	WZ-01-01-KC01	采购管理规范化控制	处室负责人审核年度采购需求计划编制的科学性、合理性	采购需求计划	手工控制	/	不定期	《"一基地一中心"物资管理规章制度汇编（试行）》《企业内部控制指引第7号》

2. 采购实施管理流程

（1）流程图。

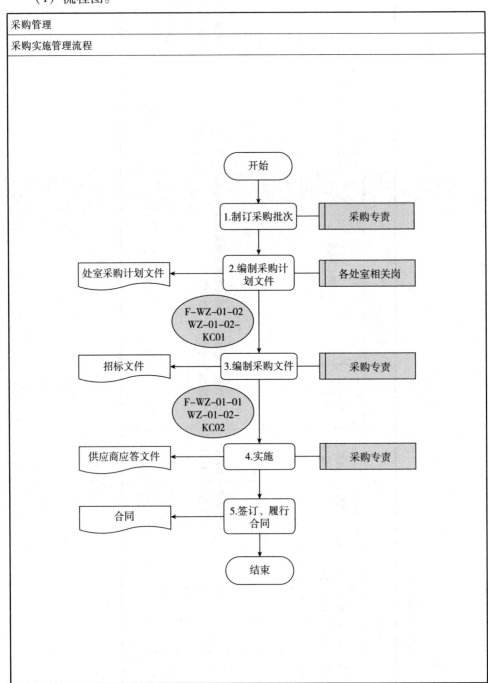

采购管理
采购实施管理流程

（2）流程信息表。

步骤序号	流程步骤	步骤说明	涉及层级	岗位名称	流转资料（评价证据）
1	制订采购批次	根据上级单位审定意见，物资资产处根据年初采购需求计划按时间制订采购批次	"一基地一中心"	采购专责	—
2	编制采购计划文件	需求处室根据批次的时间安排编制本处室采购计划文件，包括采购事项、类别、采购方式等。并将文件报送至物资资产处	"一基地一中心"	各处室相关岗	处室采购计划文件
3	编制采购文件	物资资产处根据采购需求计划和各处室采购计划文件，编制招标文件	"一基地一中心"	采购专责	招标文件
4	实施	物资资产处履行招标程序，招标程序包括审查、发标、评审准备、谈判和评审、定标五个阶段。具体材料按"一基地一中心"竞争性谈判采购、单一来源采购、询价采购操作手册要求提供	"一基地一中心"	采购专责	供应商应答文件
5	签订、履行合同	各处室与中标供应商签订合同并履行	"一基地一中心"	—	合同

（3）控制矩阵。

控制目标				步骤编号	风险点名称	控制点编号	评价标准		控制证据	控制方式	涉及系统	控制频率	制度索引
资产安全	经营目标	报告目标	合法合规				控制点名称	控制点描述					
			√	3	采购文件法律审查风险	WZ-01-02-KC01	招标文件合规性控制	物资产产处对采购文件进行法律审查时应重点审查以下内容的合法合规性：采购重要程序规则；应答人资格要求；合同购程序规则文本	招标文件、"一基地一中心"招标相关规章制度	手工控制	/	不定期	《"一基地一中心"物资管理规章制度汇编（试行）》《国家电网公司招标活动法律保障工作管理办法》《企业内部控制指引第7号》
√				4	供应商评价管理风险	WZ-01-02-KC02	供应商资质审核控制	实施各类采购过程中，各处室相关审核人应当检查应答人营业执照、资质信用证明、资质证书等文件，核查文件是否符合要求。确保采购真实、营业范围和资质范围同时相关利害关系人应当回避。确保采购过程公开、公平、公正	供应商应答文件	手工控制	/	不定期	《"一基地一中心"物资管理规章制度汇编（试行）》《企业内部控制指引第7号》

3. 合同审核与签署管理流程

（1）流程图。

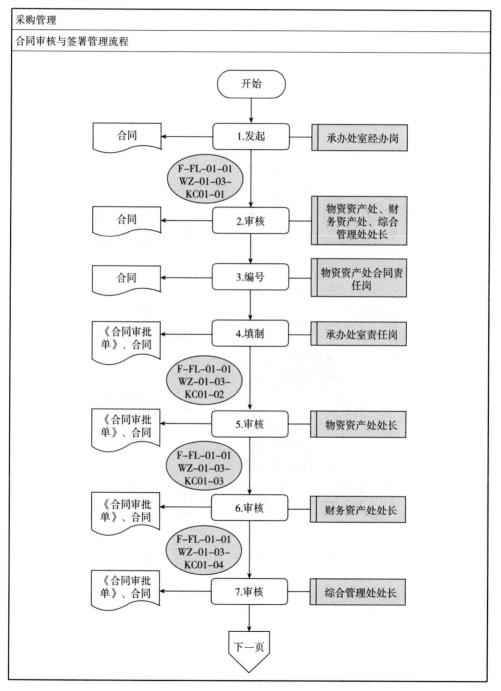

采购管理
合同审核与签署管理流程

上一页

F-FL-01-01
WZ-01-03-
KC01-05

《合同审批
单》、合同 ← **8.审核** — 相关分管领导

F-FL-01-01
WZ-01-03-
KC01-06

《合同审批
单》、合同 ← **9.审批** — 总经理

F-FL-01-02
WZ-01-03-
KC02

合同 ← **10.审核** — 法律顾问

F-FL-01-01
WZ-01-03-
KC01-07

《合同审批
单》、合同 ← **11.签字** — 法定代表人

《合同审批
单》、合同 ← **12.盖章** — 各处室经办岗

结束

（2）流程信息表。

步骤序号	流程步骤	步骤说明	涉及层级	岗位名称	流转资料（评价证据）
1	发起	合同审核由承办处室发起，送至物资资产处、财务资产处、综合管理处审核会签	"一基地一中心"	承办处室经办岗	合同
2	审核	物资资产处、财务资产处、综合管理处按照《"一基地一中心"合同审核管理细则》审核，合同审核遵循应审必审、有效管控的要求，合同经修改审核无误后提交归口管理处室进行编号	"一基地一中心"	物资资产处、财务资产处、综合管理处处长	合同
3	编号	合同完成审核流转后，由物资资产处按《"一基地一中心"合同编号规则》规定进行编号	"一基地一中心"	物资资产处合同责任岗	合同
4	填制	承办处室填制《合同审批单》，包括合同名称、合同双方、合同金额、合同编号、承办处室、承办人、授权情况、被授权人等。之后提交物资资产处审核	"一基地一中心"	承办处室责任岗	《合同审批单》、合同
5	审核	物资资产处审核《合同审批单》，并填写审核意见、审核人姓名、审核日期。主要关注合同内容是否符合"一基地一中心"规定，之后提交财务资产处审核	"一基地一中心"	物资资产处处长	《合同审批单》、合同
6	审核	财务资产处审核《合同审批单》，并填写审核意见、审核人姓名、审核日期。主要关注合同单价、金额等信息是否准确完整，付款流程是否符合规定。之后提交综合管理处审核	"一基地一中心"	财务资产处处长	《合同审批单》、合同
7	审核	综合管理处审核《合同审批单》，并填写审核意见、审核人姓名、审核日期。主要关注合同是否符合"一基地一中心"的规定。之后提交分管领导处	"一基地一中心"	综合管理处处长	《合同审批单》、合同
8	审核	承办处室分管领导审核《合同审批单》，并填写审核意见、审核人姓名、审核日期。之后提交总经理审批	"一基地一中心"	相关分管领导	《合同审批单》、合同
9	审批	"一基地一中心"总经理审核《合同审批单》，并填写审核意见、审核人姓名、审核日期	"一基地一中心"	总经理	《合同审批单》、合同

续表

步骤序号	流程步骤	步骤说明	涉及层级	岗位名称	流转资料（评价证据）
10	审核	"一基地一中心"法律顾问在合同签署之前审核合同文本，检查合同条款是否明确双方权利与义务、是否明确争议解决办法、是否存在损害"一基地一中心"利益的不当事项。审核通过后履行签字盖章程序	"一基地一中心"	法律顾问	合同
11	签字	合同由"一基地一中心"法定代表人（或负责人）签署。法定代表人不亲自签署的，应按照"一基地一中心"法定代表人授权委托管理相关规定由被授权人签署	"一基地一中心"	法定代表人	《合同审批单》、合同
12	盖章	合同承办处室须持经审核会签并由法定代表（或负责人）或被授权人签署的合同文本到合同专用章保管及使用处室申请用印，按要求登记后在合同上盖章。合同用印统一使用合同专用章，不得以行政公章代替使用	"一基地一中心"	各处室经办岗	《合同审批单》、合同

（3）控制矩阵。

控制目标				步骤编号	风险点名称	控制点编号	评价标准		控制证据	控制方式	涉及系统	控制频率	制度索引
资产安全	经营目标	报告目标	合法合规				控制点名称	控制点描述					
√			√	2	合同审核与签署风险	WZ-01-03-KC01-01	合同法律审核执行控制	物资资产处、财务资产处、综合管理处按照规定审核合同，有效管控的要求，确保各合同文本依法办理。审核内容包括合同内容是否符合合规法律法规与"一基地一中心"规定；合同条款是否完备、严密、准确；合同签署程序是否符合合同管理规定，审核与其他业务相关的其他合同事项	合同	手工控制	/	不定期	《"一基地一中心"合同管理办法》《"一基地一中心"合同审核管理细则》《国家电网公司合同审核管理细则》《企业内部控制应用指引第16号—合同管理》
√			√	5	合同审核与签署风险	WZ-01-03-KC01-02	合同法律审核执行控制	物资资产处审核《合同审单》，并填写审核意见、审核人姓名、审核日期。主要关注合同内容是否符合"一基地一中心"规定，之后提交财务资产处审核	合同、《合同审批单》	手工控制	/	不定期	
√			√	6	合同审核与签署风险	WZ-01-03-KC01-03	合同法律审核执行控制	财务资产处审核《合同审单》，并填写审核意见、审核人姓名、审核日期。主要关注合同单价、付款流程是否符合合规规定，金额等信息是否准确完整，之后提交综合管理处审核	合同、《合同审批单》	手工控制	/	不定期	

续表

控制目标				步骤编号	风险点名称	控制点编号	评价标准			控制证据	控制方式	涉及系统	控制频率	制度索引
资产安全	经营目标	报告目标	合法合规				控制点名称	控制点描述						
√	√		√	7	合同审核与签署风险	WZ-01-03-KC01-04	合同法律审核执行控制	综合管理处审核《合同审批》，并填写审核意见、审核人姓名、审核日期。主要关注合同是否符合"一基地一中心"的规定，之后提交分管领导审批	合同	手工控制	/	不定期	《"一基地一中心"合同管理办法》
√	√		√	8	合同审核与签署风险	WZ-01-03-KC01-05	合同法律审核执行控制	承办处室分管领导审核《合同审批单》，并填写审核意见、审核人姓名、审核日期。主要关注合同是否符合"一基地一中心"的规定，之后交总经理审批	合同、《合同审批单》	手工控制	/	不定期	《"一基地一中心"合同审核管理细则》《国家电网公司合同审核管理细则》《企业内部控制应用指引第16号——合同管理》
√	√		√	9	合同审核与签署风险	WZ-01-03-KC01-06	合同法律审核执行控制	"一基地一中心"总经理审核《合同审批单》，并填写审核意见、审核人姓名、审核日期。主要关注合同是否符合"一基地一中心"的规定	合同、《合同审批单》	手工控制	/	不定期	

续表

控制目标				步骤编号	风险点名称	控制点编号	评价标准		控制证据	控制方式	涉及系统	控制频率	制度索引
资产安全	经营目标	报告目标	合法合规				控制点名称	控制点描述					
√			√	10	法律纠纷风险	WZ-01-03-KC02	法律纠纷控制	"一基地一中心"法律顾问同在合同签署之前审核合同文本，检查合同条款是否明确解决办法，是否存在损害"一基地一中心"利益的不当事项。确保不发生法律纠纷或纠纷发生后，司法机关、仲裁机构或行政机关不对"一基地一中心"做出不利的裁判、决定，不因纠纷损害"一基地一中心"经济利益，影响企业形象	合同	手工控制	/	不定期	《"一基地一中心"合同管理办法》《"一基地一中心"合同审核管理细则》《国家电网公司合同审核管理细则》《企业内部控制应用指引第11号——合同管理》
√			√	11	合同审核与签署风险	WZ-01-03-KC01-07	合同法律审核执行控制	完成合同审批，形成合同文本审批意见，确保合同审批在授权范围及审批人职责范围内	合同	手工控制	/	不定期	《"一基地一中心"合同管理办法》《"一基地一中心"合同审核管理细则》《国家电网公司合同审核管理细则》《企业内部控制应用指引第16号——合同管理》

（二）实物管理

1. 固定资产新增管理流程

（1）流程图。

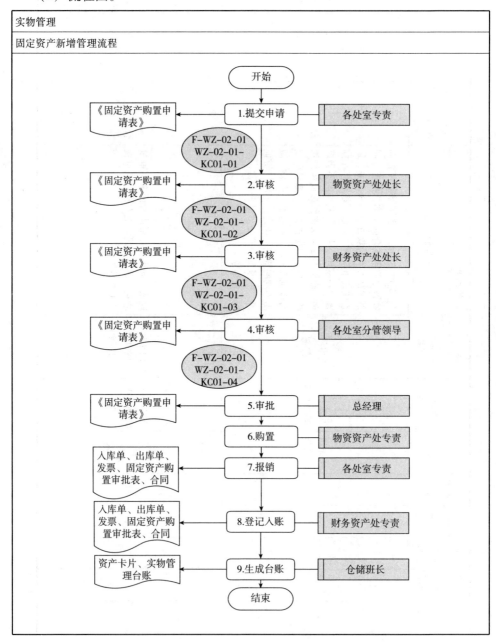

（2）流程信息表。

步骤序号	流程步骤	步骤说明	涉及层级	岗位名称	流转资料（评价证据）
1	提交申请	依据上级单位审定的固定资产零星购置计划，需求处室专责填写《固定资产购置申请表》，包括资产信息、资产用途、申请理由等信息。之后提交物资资产处审核	"一基地一中心"	各处室专责	《固定资产购置申请表》
2	审核	物资资产处实物管理部负责人审核需求处室提交的《固定资产购置申请表》，并填写审核意见。主要关注固定资产使用现状和申请理由、购置资产信息是否准确、资产用途是否合规。之后提交财务资产处审核	"一基地一中心"	物资资产处处长	《固定资产购置申请表》
3	审核	财务资产处负责人审核需求处室提交的《固定资产购置申请表》，并填写审核意见。主要关注资金预算安排是否合理。之后提交分管领导处审核	"一基地一中心"	财务资产处处长	《固定资产购置申请表》
4	审核	需求处室分管领导对需求处室提交的《固定资产购置申请表》进行审核，并填写审核意见。主要关注固定资产使用现状和申请理由、购置资产信息是否准确、资产用途是否合规、资金预算安排是否合理	"一基地一中心"	各处室分管领导	《固定资产购置申请表》
5	审批	"一基地一中心"总经理审核《固定资产购置申请表》，审批通过后购置资产	"一基地一中心"	总经理	《固定资产购置申请表》
6	购置	物资资产处专责按照经审批的《固定资产购置申请表》以零购的形式购置固定资产	"一基地一中心"	物资资产处专责	—
7	报销	需求处室凭入库单、出库单、发票、固定资产购置审批表、合同等材料传递至财务资产处专岗，审核相关材料的一致性，审核通过后执行付款流程。具体详见财务资产处费用报销流程	"一基地一中心"	各处室专责	入库单、出库单、发票、固定资产购置审批表、合同
8	登记入账	财务资产处专责依照购置固定资产时取得的发票、合同等材料在财务系统中登记固定资产卡片账	"一基地一中心"	财务资产处专责	入库单、出库单、发票、固定资产购置审批表、合同
9	生成台账	物资资产处专责根据财务资产处财务系统中导出的固定资产卡片账建立实物管理台账	"一基地一中心"	仓储班长	资产卡片、实物管理台账

（3）控制矩阵。

	控制目标			步骤编号	风险点名称	控制点编号	控制点名称	评价标准		控制方式	涉及系统	控制频率	制度索引
资产安全	经营目标	报告目标	合法合规					控制点描述	控制证据				
✓	✓			2	资产价值管理风险	WZ-02-01-KC01-01	固定资产购置合理性控制	物资资产处实物管理部门负责人审核需求处实物处提交的《固定资产购置申请表》，并填写审核意见。主要关注固定资产使用现状和申请理由、资产用途购置信息是否准确、资产用途是否合规	《固定资产购置申请表》	手工控制	/	不定期	
✓			✓	3	资产价值管理风险	WZ-02-01-KC01-02	固定资产购置合理性控制	财务资产处负责人审核需求处提交的《固定资产购置申请表》，并填写审核意见。主要关注资金预算安排是否合理	《固定资产购置申请表》	手工控制	/	不定期	《国家电网公司集体企业固定资产管理办法》《企业内部控制应用指引第8号——资产管理》
✓			✓	4	资产价值管理风险	WZ-02-01-KC01-03	固定资产购置合理性控制	需求处分管领导审核需求处提交的《固定资产购置申请表》，并填写审核意见。主要关注购置资产用途是否合规，资产用途是否准确、资产用途安排是否合理、资金预算安排是否合理	《固定资产购置申请表》	手工控制	/	不定期	
✓			✓	5	资产价值管理风险	WZ-02-01-KC01-04	固定资产购置合理性控制	"一基地一中心"总经理审核需求处提交的《固定资产购置申请表》，并填写审核意见。主要关注购置资产信息是否准确、资产用途是否合规、资金预算安排是否合理	《固定资产购置申请表》	手工控制	/	不定期	

2. 无形资产新增管理流程

（1）流程图。

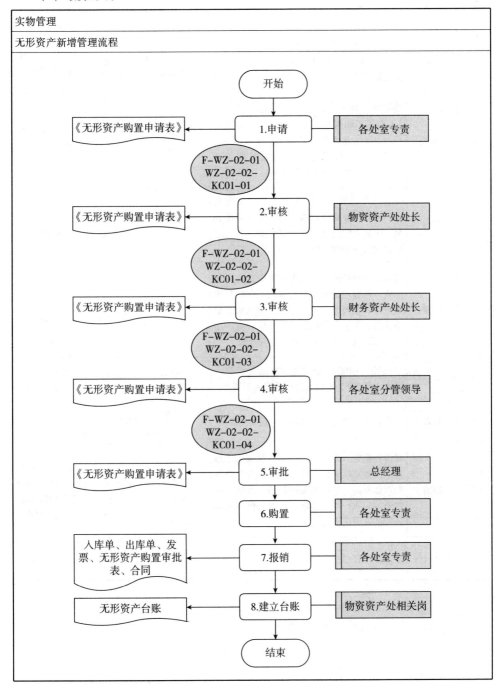

（2）流程信息表。

步骤序号	流程步骤	步骤说明	涉及层级	岗位名称	流转资料（评价证据）
1	申请	需求处室专责填写《无形资产购置申请表》，包括资产信息、资产用途、申请理由等信息，之后提交物资资产处审核	"一基地一中心"	各处室专责	《无形资产购置申请表》
2	审核	物资资产处负责人审核需求处室提交的《无形资产购置申请表》，并填写审核意见。主要关注无形资产分类、摊销年限、归属部门、资产原值、资本化日期等内容。之后提交财务资产处审核	"一基地一中心"	物资资产处处长	《无形资产购置申请表》
3	审核	财务资产处负责人审核需求处室提交的《无形资产购置申请表》，并填写审核意见。主要关注资金预算安排是否合理。之后提交分管领导审核	"一基地一中心"	财务资产处处长	《无形资产购置申请表》
4	审核	需求处室分管领导对需求处室提交的《无形资产购置申请表》进行审核，并填写审核意见。主要关注无形资产使用现状和申请理由、购置资产信息是否准确、资产用途是否合规、资金预算安排是否合理	"一基地一中心"	各处室分管领导	《无形资产购置申请表》
5	审批	"一基地一中心"总经理审核《无形资产购置申请表》，审批通过后购置无形资产	"一基地一中心"	总经理	《无形资产购置申请表》
6	购置	需求处室专责按照采购程序购置无形资产	"一基地一中心"	各处室专责	—
7	报销	需求处室凭入库单、出库单、发票、无形资产购置审批表、合同等材料传递至财务资产处专岗，审核相关材料的一致性，审核通过后执行付款流程。具体流程详见财务资产处费用报销流程	"一基地一中心"	各处室专责	入库单、出库单、发票、无形资产购置审批表、合同
8	建立台账	物资资产处建立无形资产台账	"一基地一中心"	物资资产处相关岗	无形资产台账

（3）控制矩阵。

控制目标				步骤编号	风险点名称	控制点编号	控制点名称	评价标准（控制点描述）	控制证据	控制方式	涉及系统	控制频率	制度索引
资产安全	经营目标	报告目标	合法合规										
√				2	资产价值管理风险	WZ-02-02-KC01-01	无形资产购置合理性控制	物资资产处负责人审核需求处至提交的《无形资产购置申请表》，并填写审核意见。主要关注无形资产分类、摊销年限、归属部门、资产原值、资本化日期等内容	《无形资产购置申请表》	手工控制	/	不定期	
√				3	资产价值管理风险	WZ-02-02-KC01-02	无形资产购置合理性控制	财务资产处负责人审核《无形资产购置申请表》，主要关注无形资产分类、摊销年限、归属部门、资产原值、资本化日期等内容，并将申请与无形资产支出预算进行比较，严格执行预算控制	《无形资产购置申请表》	手工控制	/	不定期	《国家电网公司无形资产管理办法》《企业内部控制应用指引第8号—资产管理》
√			√	4	资产价值管理风险	WZ-02-02-KC01-03	无形资产购置合理性控制	需求处至分管领导对需求处至提交的《无形资产购置申请表》进行审核，并填写审核意见。主要关注无形资产使用现状和申请理由，资产用途是否合理，资产信息是否准确，资金额与预算安排是否合理	《无形资产购置申请表》	手工控制	/	不定期	
√			√	5	资产价值管理风险	WZ-02-02-KC01-04	无形资产购置合理性控制	"一基地一中心"总经理对需求处至提交的《无形资产购置申请表》进行审核，并填写审核意见。主要关注无形资产使用理由和现状，资产用途是否准确，购置资产用途是否合理，资金预算安排是否合理	《无形资产购置申请表》	手工控制	/	不定期	

3. 低值易耗品新增管理流程

（1）流程图。

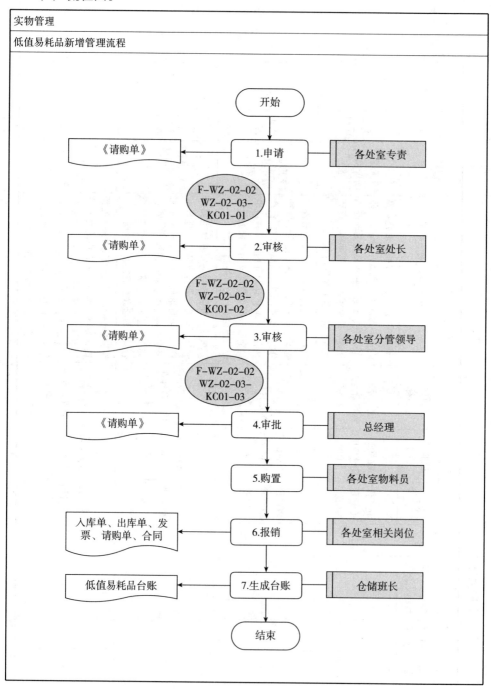

（2）流程信息表。

步骤序号	流程步骤	步骤说明	涉及层级	岗位名称	流转资料（评价证据）
1	申请	依据上级单位审定的低值易耗品零星购置计划，需求处室专责填写《请购单》，包括物资名称、规格型号、请购数量、预计单价、金额等内容，之后提交需求处室负责人审核	"一基地一中心"	各处室专责	《请购单》
2	审核	需求处室负责人审核《请购单》，审核内容包括物资名称、规格型号、请购数量、预计单价、金额等信息是否准确，请购程序是否合规	"一基地一中心"	各处室处长	《请购单》
3	审核	需求处室分管领导对需求处室提交的《请购单》进行审核，审核无误后提交总经理审批	"一基地一中心"	各处室分管领导	《请购单》
4	审批	总经理审批《请购单》，主要关注请购单内容的完整、准确性；请购程序的合规性	"一基地一中心"	总经理	《请购单》
5	购置	需求处室物料员按照审批后的请购单要求购置低值易耗品	"一基地一中心"	各处室物料员	—
6	报销	需求处室凭入库单、出库单、发票、请购单、合同等材料传递至财务资产处专岗，审核相关材料的一致性，审核通过后执行付款流程。具体流程详见财务资产处费用报销流程	"一基地一中心"	各处室相关岗位	入库单、出库单、发票、请购单、合同
7	生成台账	物资资产处建立低值易耗品台账	"一基地一中心"	仓储班长	低值易耗品台账

（3）控制矩阵。

控制目标				步骤编号	风险点名称	控制点编号	控制点名称	评价标准		控制方式	涉及系统	控制频率	制度索引
资产安全	经营目标	报告目标	合法合规					控制点描述	控制证据				
√			√	2	资产价值管理风险（低耗）	WZ-02-03-KC01-01	低值易耗品转让合理性、分类准确性控制	需求处室负责人对《请购单》进行审核。审核内容包括物资名称、规格型号、请购数量、预计单价、金额等信息是否准确，请购程序是否合规	《请购单》	手工控制	/	不定期	《企业内部控制应用指引第8号——资产管理》
√			√	3	资产价值管理风险（低耗）	WZ-02-03-KC01-02	低值易耗品转让合理性、分类准确性控制	需求处室分管领导对《请购单》进行审核。审核内容包括物资名称、规格型号、请购数量、预计单价、金额等信息是否准确，请购程序是否合规	《请购单》	手工控制	/	不定期	
√			√	4	资产价值管理风险（低耗）	WZ-02-03-KC01-03	低值易耗品转让合理性、分类准确性控制	"一基地一中心"总经理对《请购单》进行审核，审核内容包括物资名称、规格型号、请购数量、预计单价、金额等信息是否准确，请购程序是否合规	《请购单》	手工控制	/	不定期	

4. 固定资产报废管理流程

（1）流程图。

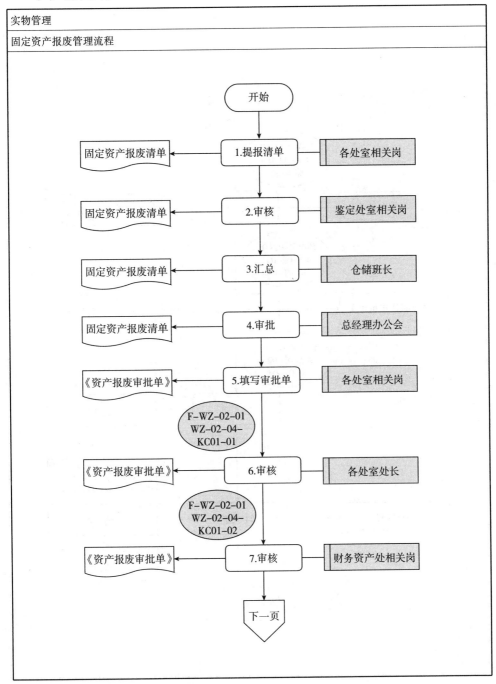

实物管理

固定资产报废管理流程

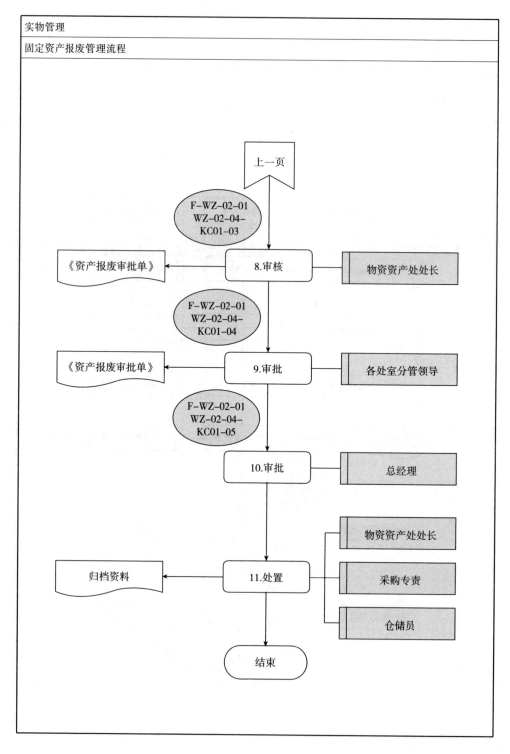

（2）流程信息表。

步骤序号	流程步骤	步骤说明	涉及层级	岗位名称	流转资料（评价证据）
1	提报清单	"一基地一中心"账面固定资产，年中由固定资产使用保管处室提报固定资产报废清单	"一基地一中心"	各处室相关岗	固定资产报废清单
2	审核	鉴定处室会同物资资产处、财务资产处及相关处室对待报废资产进行技术鉴定，之后提交物资资产处	"一基地一中心"	鉴定处室相关岗	固定资产报废清单
3	汇总	物资资产处负责汇总固定资产报废情况	"一基地一中心"	仓储班长	固定资产报废清单
4	审批	物资资产处申请履行"三重一大"决策事项上会审批，通过后执行审批手续	"一基地一中心"	总经理办公会	固定资产报废清单
5	填写审批单	固定资产使用保管处室填写《资产报废审批单》，保管处室提出的待报废固定资产须符合固定资产报废条件要求，并在审批单中注明资产名称、启用日期、存放地点、报废原因等。保管处室必须保证报废资产的完整性	"一基地一中心"	各处室相关岗	《资产报废审批单》
6	审核	固定资产使用保管处室负责人审批《资产报废审批单》，主要关注设备使用状况、报废原因等。保管处室必须保证报废资产的完整性，审核后提交鉴定处室审核	"一基地一中心"	各处室处长	《资产报废审批单》
7	审核	财务资产处对固定资产使用保管处室交来的《资产报废审批单》进行审核	"一基地一中心"	财务资产处相关岗	《资产报废审批单》
8	审核	物资资产处负责人审核《资产报废审批单》，重点关注申请报废物资是否满足报废条件，如腐蚀严重，继续使用将会发生事故，又无法修复，或严重污染环境，无法修治，抑或是存在严重质量问题或其他原因，不能继续运行等原因。对于满足报废条件的固定资产，审核通过后流转至分管领导处	"一基地一中心"	物资资产处处长	《资产报废审批单》
9	审批	固定资产使用保管处室分管领导审核《资产报废审批单》	"一基地一中心"	各处室分管领导	《资产报废审批单》
10	审批	"一基地一中心"总经理审批通过后经上级单位审批后执行报废手续	"一基地一中心"	总经理	—
11	处置	对于完成固定资产处置审批的固定资产，物资资产处负责该报废物资处置管理，组织开展报废物资的接收保管、集中处置、邀请竞价、合同签订、实物交接、资金回收、回收商管理及资料归档等工作	"一基地一中心"	物资资产处处长、采购专责、仓储员	归档资料

（3）控制矩阵。

控制目标				步骤编号	风险点名称	控制点编号	控制点名称	评价标准		控制证据	控制方式	涉及系统	控制频率	制度索引
资产安全	经营目标	报告目标	合法合规					控制点描述						
√				6	资产价值管理风险	WZ-02-04-KC01-01	固定资产报废合理性控制	固定资产使用保管处负责人审核《资产报废审批单》，主要关注设备使用状况、报废原因等。保管处室必须保证报废资产的完整性		《资产报废审批单》	手工控制	/	不定期	
√		√		7	资产价值管理风险	WZ-02-04-KC01-02	固定资产报废合理性控制	财务资产处负责人审核《资产报废审批单》，主要关注设备使用状况、报废原因等。固定资产与《设备报废原因填写清单》一致；设备报废原因更新写得审批完整，如果有设备资产更新方案的，资产处室必须保证报废资产的完整性		《资产报废审批单》	手工控制	/	不定期	《国家电网公司集体企业固定资产管理办法》《国家电网有限公司固定资产管理办法》《企业内部控制应用指引第8号——资产管理》
√			√	8	资产价值管理风险	WZ-02-04-KC01-03	固定资产报废合理性控制	物资资产处负责人审核，确保审批齐全；所报废资产、资产写得规范填写完整，应附方案，确保技术鉴定报告，设备技术鉴定意见，报告完整准确，固定资产处置意见的，按审批权限应由资产处置类似决策机构决议，报废资产提前报废的，应说明报告需报请上级单位批准的应附上级批准文件		《资产报废审批单》	手工控制	/	不定期	

续表

| 控制目标 | | | | 步骤编号 | 风险点名称 | 控制点编号 | 评价标准 | | 控制证据 | 控制方式 | 涉及系统 | 控制频率 | 制度索引 |
资产安全	经营目标	报告目标	合法合规				控制点名称	控制点描述					
√		√	√	9	资产价值管理风险	WZ-02-04-KC01-04	固定资产报废合理性控制	固定资产使用保管处室分管领导审核、确保审批表填写规范完整，审鉴于《固定资产报废申请单》与《固定资产报废申请单》一致；设备有设备报废原因填写清准确，如果有设备报废应附报废原因的应填写完整，更新方案提前报废的，应附办公会议或类似决策机构决策报告，报告应说明确待报废资产处置意见；固定资产报废需报请上级单位批准的应附上级批准文件	《资产报废审批单》	手工控制	/	不定期	《国家电网公司集体企业固定资产管理办法》《国家电网有限公司固定资产管理办法》《企业内部控制应用指引第8号——资产管理》
√		√	√	10	资产价值管理风险	WZ-02-04-KC01-05	固定资产报废合理性控制	总经理审核，确保审批表填写规范完整，审查齐全；所报废设备、资产与《固定资产报废申请单》一致；设备有设备报废原因报废原因的应填写清晰准确，如果有固定资产更新方案前报废的，应附办公会议或会议机构决策类似决策报告，报告应说明确待报废资产处置意见；固定资产报废需报请上级单位批准的应附上级批准文件	《资产报废审批单》	手工控制	/	不定期	

5. 固定资产盘点管理流程

（1）流程图。

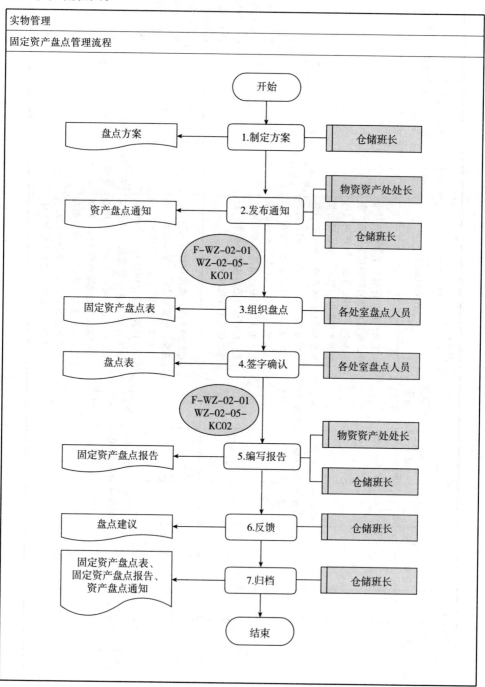

（2）流程信息表。

步骤序号	流程步骤	步骤说明	涉及层级	岗位名称	流转资料（评价证据）
1	制定方案	物资资产处会同财务资产处制订盘点方案，内容包括盘点时间、组织形式、盘点人员、职责分工等	"一基地一中心"	仓储班长	盘点方案
2	发布通知	物资资产处将资产盘点通知下发至各处室，内容包括盘点时间、盘点部门、盘点范围、盘点方式、盘点流程、资产盘点工作组织机构等	"一基地一中心"	物资资产处处长、仓储班长	资产盘点通知
3	组织盘点	盘点人员在实施盘点时填写固定资产盘点表	"一基地一中心"	各处室盘点人员	固定资产盘点表
4	签字确认	参与盘点的人员在盘点工作结束后在固定资产盘点表上签字确认。签字人包括财务负责人、处室负责人、处室盘点人、监盘人	"一基地一中心"	各处室盘点人员	盘点表
5	编写报告	物资资产处根据实物资产的实际盘存情况编写固定资产盘点报告。内容包括基本情况介绍、固定资产盘点情况、固定资产管理建议	"一基地一中心"	物资资产处处长、仓储班长	固定资产盘点报告
6	反馈	物资资产处将盘点情况及固定资产管理建议反馈至各处室	"一基地一中心"	仓储班长	盘点建议
7	归档	物资资产处将盘点相关资料进行归档	"一基地一中心"	仓储班长	固定资产盘点表、固定资产盘点报告、资产盘点通知

（3）控制矩阵。

控制目标				步骤编号	风险点名称	控制点编号	评价标准			控制证据	控制方式	涉及系统	控制频率	制度索引
资产安全	经营目标	报告目标	合法合规				控制点名称	控制点描述						
√				3	资产价值管理风险	WZ-02-05-KC01	固定资产盘点准确性控制	相关专责参与实施固定资产盘点，盘点确保固定资产盘点过程严谨，盘点结果准确；确保实物与设备卡片一致、设备卡片与资产卡片对应		最近一次固定资产盘点表	手工控制	/	定期	《"一基地一中心"物资管理规章制度汇编（试行）》《企业内部控制应用指引第8号——资产管理》
√		√		5	资产价值管理风险	WZ-02-05-KC02	固定资产盘点报告合理性控制	物资资产处编制固定资产盘点报告，确保报告内容涵盖盘盈、盘亏固定资产情况及原因说明，对盘盈盘亏固定资产提出的处理意见；针对本单位固定资产管理中存在的问题，研究提出改进和加强管理的措施；确保相关管理措施的合理性		最近一次固定资产盘点表、固定资产盘点报告	手工控制	/	定期	《"一基地一中心"物资管理规章制度汇编（试行）》《国家电网公司固定资产管理办法》《企业内部控制应用指引第8号——资产管理》

（三）仓储管理

入库出库管理流程

（1）流程图。

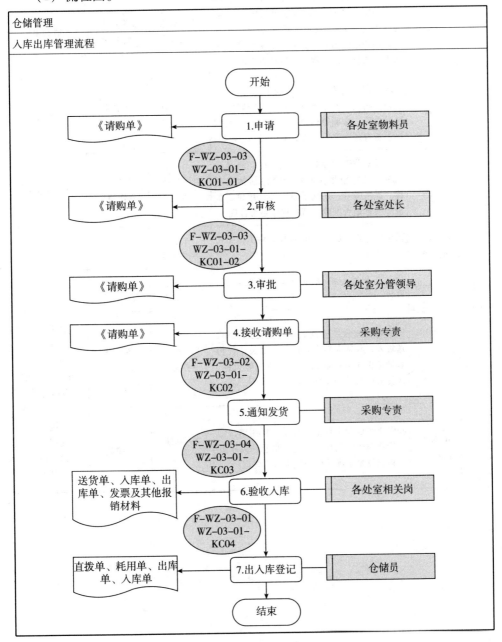

（2）流程信息表。

步骤序号	流程步骤	步骤说明	涉及层级	岗位名称	流转资料（评价证据）
1	申请	需求处室物料员根据业务需要提出采购申请，填写《请购单》，内容包括物资名称、规格型号、请购数量、预计单价、金额等。请购单的填写以处室预算和物资实际需求为依据。之后提交处室负责人审核	"一基地一中心"	各处室物料员	《请购单》
2	审核	需求处室负责人审核《请购单》，审核内容包括物资名称、规格型号、请购数量、预计单价、金额等信息是否准确，请购程序是否合规。之后提交处室分管领导审核	"一基地一中心"	各处室处长	《请购单》
3	审批	需求处室分管领导对需求处室提交的《请购单》进行审批。审核内容包括物资名称、规格型号、请购数量、预计单价、金额等信息是否准确，请购程序是否合规	"一基地一中心"	各处室分管领导	《请购单》
4	接收请购单	需求处室物料员将经审批的请购单提交物资资产处	"一基地一中心"	采购专责	《请购单》
5	通知发货	物资资产处专责通知协议供应商备货、发货	"一基地一中心"	采购专责	—
6	验收入库	需求处室接收供应商货物，登记送货单，送货人、收货人签字确认。主要关注货物数量是否正确、货物状态是否完好无损、送货单填写是否完整	"一基地一中心"	各处室相关岗	送货单、入库单、出库单、发票及其他报销材料
7	出入库登记	物资资产处同步登记直拨单、耗用单，记录货物编码、名称、数量等信息，需求处室物料员签字确认后完成出入库登记	"一基地一中心"	仓储员	直拨单、耗用单、出库单、入库单

（3）控制矩库。

控制目标				步骤编号	风险点名称	控制点编号	评价标准		控制证据	控制方式	涉及系统	控制频率	制度索引
资产安全	经营目标	报告目标	合法合规				控制点名称	控制点描述					
√				2	请购程序不规范风险	WZ-03-01-KC01-01	请购程序规范化控制	需求处室负责人对《请购单》进行审核，主要关注物资名称、规格型号、请购数量、预计单价、金额信息是否准确，申报理由是否合理，程序是否合规	《请购单》	手工控制	/	不定期	《"一基地一中心"物资管理汇编规章制度（试行）》
√			√	3	请购程序不规范风险	WZ-03-01-KC01-02	请购程序规范化控制	需求处室分管领导对《请购单》进行审核，主要关注物资名称、规格型号、请购数量、预计单价、金额等信息是否合理，申报理由是否合规，程序是否合规	《请购单》	手工控制	/	不定期	
√				5	物资配送管理风险	WZ-03-01-KC02	配送计划合理性控制	物资资产处资产管理专责据各室实际库存情况和需求通供应商、合理安排供应发货、监督供应商发货及时性、物流选择是否合理	物资调配计划、物资调拨申请、监控台账记录单	手工控制	/	不定期	

续表

控制目标			步骤编号	风险点名称	控制点编号	评价标准			控制证据	控制方式	涉及系统	控制频率	制度索引
资产安全	经营目标	报告目标	合法合规				控制点名称	控制点描述					
√			√	6	验收程序不规范风险	WZ-03-01-KC03	验收管理合规性控制	需求处室接收供应商货物，登记送货单、送货人、收货人签字确认。主要关注货物数量是否正确，货物状态是否完好无损、送货单填写是否完整	送货单、入库单、出库单、发票及其他报销材料	手工控制	/	不定期	《"一基地一中心"物资管理规章制度汇编（试行）》
√			√	7	物资库存管理风险	WZ-03-01-KC04	出入库准确性、合理性控制	需求处室对出库单进行审核并签字确认，审核内容主要包括物料编码、物资名称、数量、需求单位等信息是否准确、验收程序是否规范	直拨单、耗用单、出库单、入库单	手工控制	/	不定期	

（四）车辆管理

1. 用车计划申请管理流程

（1）流程图。

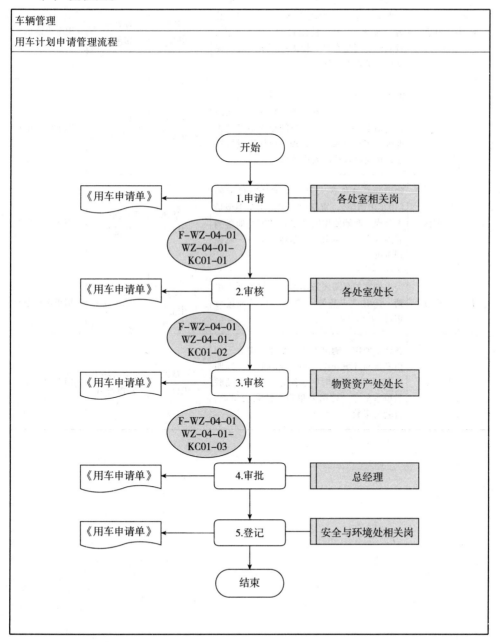

车辆管理
用车计划申请管理流程

（2）流程信息表。

步骤序号	流程步骤	步骤说明	涉及层级	岗位名称	流转资料（评价证据）
1	申请	需求处室需提前一天提出用车申请，填写《用车申请单》，内容包括申请日期、姓名、部门、人数、使用日期、上车地点、目的地、用车类型、使用原因等。之后提交处室负责人审核	"一基地一中心"	各处室相关岗	《用车申请单》
2	审核	需求处室负责人对《用车申请单》内容的合理性、程序的合规性进行审核，审核内容包括申请人、日期、目的地等信息是否准确，用车原因是否合理。审核通过后签字，提交物资资产处审核	"一基地一中心"	各处室处长	《用车申请单》
3	审核	物资资产处负责人审核需求处室提交的《用车申请单》，审核内容包括用车类型是否合规、车辆使用时间是否冲突。如车辆需离开本市，需由"一基地一中心"总经理审批	"一基地一中心"	物资资产处处长	《用车申请单》
4	审批	需求处室用车需离开本市，应提前两天申请，并由"一基地一中心"总经理进行审批	"一基地一中心"	总经理	《用车申请单》
5	登记	各处室使用车辆出入"一基地一中心"须由安全与环境处在《用车申请单》上写明出车时间、回车时间、经办人签字，驾驶员填写车号、启用公里数、结束公里数、行驶公里数，并签字	"一基地一中心"	安全与环境处相关岗	《用车申请单》

（3）控制矩阵。

控制目标				步骤编号	风险点名称	控制点编号	评价标准		控制证据	控制方式	涉及系统	控制频率	制度索引
资产安全	经营目标	报告目标	合法合规				控制点名称	控制点描述					
√			√	2	用车申请管理风险	WZ-04-01-KC01-01	用车管理规范化控制	需求处室负责人对《用车申请单》内容的合理性、程序的合规性进行审核，审核内容包括申请人、日期、目的地等信息是否准确，用车原因是否合理	《用车申请单》	手工控制	/	不定期	
√			√	3	用车申请管理风险	WZ-04-01-KC01-02	用车管理规范化控制	物资资产处负责人对《用车申请单》内容的合理性、程序的合规性进行审核，审核内容包括申请人、用车日期、目的地等信息是否准确，用车原因是否合理	《用车申请单》	手工控制	/	不定期	《"一基地一中心"生产用车管理制度》
√			√	4	用车申请管理风险	WZ-04-01-KC01-03	用车管理规范化控制	"一基地一中心"总经理对《用车申请单》内容的合理性、程序的合规性进行审核	《用车申请单》	手工控制	/	不定期	

2. 车辆保养维护管理流程

（1）流程图。

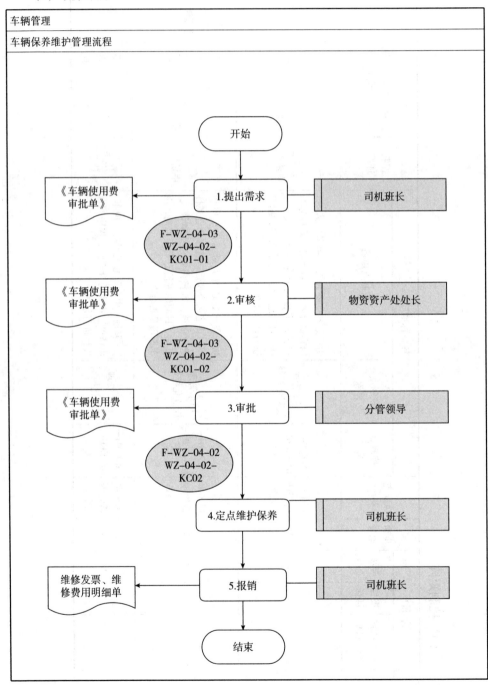

（2）流程信息表。

步骤序号	流程步骤	步骤说明	涉及层级	岗位名称	流转资料（评价证据）
1	提出需求	汽车司机提出车辆维修保养申请，填写《车辆使用费审批单》，内容包括维修维护项目、预计费用等。司机班长审核后提交物资资产处审核	"一基地一中心"	司机班长	《车辆使用费审批单》
2	审核	物资资产处审核司机班长提交的《车辆使用费审批单》，关注内容包括车辆维护内容及费用是否合理。之后提交分管领导处审批	"一基地一中心"	物资资产处处长	《车辆使用费审批单》
3	审批	物资资产处分管领导对《车辆使用费审批单》进行审批，关注内容包括车辆维护内容的合理性、合规性	"一基地一中心"	分管领导	《车辆使用费审批单》
4	定点维护保养	司机将车辆开至协议定点维修单位进行维修保养	"一基地一中心"	司机班长	—
5	报销	车辆保养维护结束后，司机班长将取得的维修发票、维修费用明细单等提交财务资产处，按照财务费用报销流程进行费用报销	"一基地一中心"	司机班长	维修发票、维修费用明细单

（3）控制矩阵。

控制目标				步骤编号	风险点名称	控制点编号	控制点名称	评价标准		控制方式	涉及系统	控制频率	制度索引
资产安全	经营目标	报告目标	合法合规					控制点描述	控制证据				
√			√	2	审核程序不规范风险	WZ-04-02-KC01-01	车辆保养维护管理规范化控制	需求处负责人对《车辆使用费审批单》内容的合理性、程序的合规性进行审核，主要关注车辆维护内容及费用是否合理	《车辆使用费审批单》	手工控制	/	不定期	
√			√	3	审核程序不规范风险	WZ-04-02-KC01-02	车辆保养维护管理规范化控制	分管领导对《车辆使用费审批单》内容的合理性、程序的合规性进行审核，主要关注车辆维护内容及费用是否合理	《车辆使用费审批单》	手工控制	/	不定期	《"一基地一中心"生产用车管理制度》
√			√	4	车辆安全风险	WZ-04-02-KC02	车辆安全控制	物资资产处司机班长检查协议维修点是否提供约定的服务，检查车辆安全隐患是否完全排除，做好车辆维护保养记录	《车辆使用费审批单》《车辆保养维修单》	手工控制	/	不定期	

第九章　安全管理

一、安全管理流程目录

序号	二级流程编号	二级流程名称	末级流程编号	末级流程名称
1			AQ-01-01	出入管理
2	AQ-01	安全生产管理	AQ-01-02	施工现场日常安全检查管理
3			AQ-01-03	劳保用品采购与发放管理
4			AQ-01-04	消防中控室接报警管理

二、流程图与控制矩阵

安全生产管理

1. 出入管理流程

（1）流程图。

| 安全生产管理 |
| 出入管理流程 |

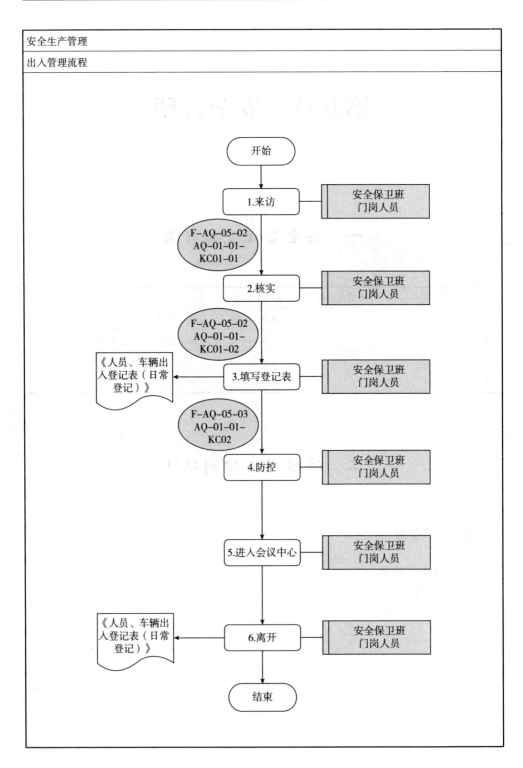

（2）流程信息表。

步骤序号	流程步骤	步骤说明	涉及层级	岗位名称	流转资料（评价证据）
1	来访	外部人员来"一基地一中心"办事或拜访	"一基地一中心"	安全保卫班门岗人员	—
2	核实	外来人员拜访员工或办理其他事情的，门岗人员根据实际情况联系当事人进行确认或当事人到门卫接人；外来临时访客拜访"一基地一中心"领导的，先通知处室领导进行核实，接到通知后再放行，并做好登记工作	"一基地一中心"	安全保卫班门岗人员	—
3	填写登记表	门岗人员填写《人员、车辆出入登记表（日常登记）》，内容包括日期、访客姓名、车牌号、单位、事由、业务联系人、进入时间、进入体温、值班员等。主要关注内容的完整性、准确性	"一基地一中心"	安全保卫班门岗人员	《人员、车辆出入登记表（日常登记）》
4	防控	疫情期间来访人员需提供北京健康码、大数据行程卡信息。主要关注是否来自高风险地区、健康码是否为绿码	"一基地一中心"	安全保卫班门岗人员	—
5	进入会议中心	检查无误后方可进入"一基地一中心"	"一基地一中心"	安全保卫班门岗人员	—
6	离开	来访人员离开"一基地一中心"时门岗人员在登记表中填写离开时间	"一基地一中心"	安全保卫班门岗人员	《人员、车辆出入登记表（日常登记）》

（3）控制矩阵。

控制目标				步骤编号	风险点名称	控制点编号	控制点名称	评价标准 控制点描述	控制证据	控制方式	涉及系统	控制频率	制度索引
资产安全	经营目标	报告目标	合法合规										
			√	2	出入管控不严风险	AQ-01-01-KC01-01	访客管理规范化控制	外来人员拜访员工或办理其他事情的，门岗人员根据实际联系当事人进行确认或当事人到门卫接人；外来临时访客拜访"一基地一中心"领导的，先通知处室领导进行核实，接到通知后再放行，并做好登记工作。提高门岗人员的专业素质，加强日常监督管理，认真做好出入登记工作	《人员、车辆出入登记表（日常登记）》	手工控制	/	不定期	《"一基地一中心"安环处管理制度》
			√	3	出入管控不严风险	AQ-01-01-KC01-02	访客管理规范化控制	外来人员拜访员工或办理其他事情的，门岗人员根据实际情况联系当事人进行确认或当事人到门卫接人；外来时访客拜访"一基地一中心"领导的，先通知处室领导进室核实，接到通知后再放行，并做好登记工作。提高门岗人员的专业素质，加强日常监督管理，认真做好出入登记工作	《人员、车辆出入登记表（日常登记）》	手工控制	/	不定期	
			√	4	疫情防控风险	AQ-01-01-KC02	访客管理规范化控制	疫情期间来访人员需提供北京健康码、大数据来访行程卡信息。主要关注是否来自高风险地区，健康码是否为绿码。增强门岗人员的防疫意识，加强日常监督管理，认真做好体温监测工作	《人员、车辆出入登记表（日常登记）》	手工控制	/	不定期	

2. 施工现场日常安全检查管理流程

（1）流程图。

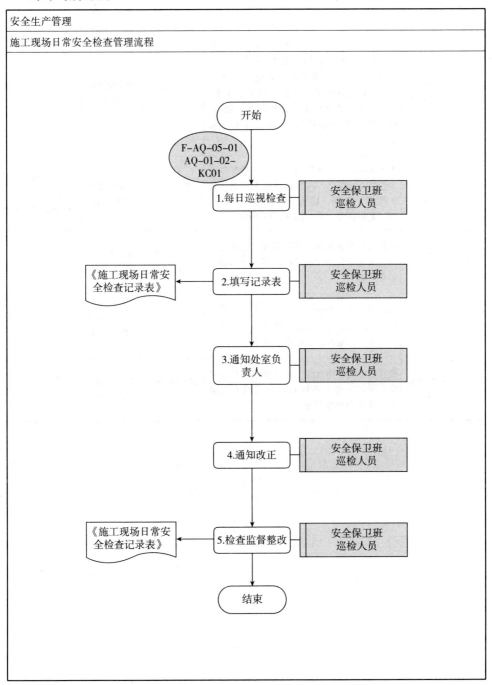

（2）流程信息表。

步骤序号	流程步骤	步骤说明	涉及层级	岗位名称	流转资料（评价证据）
1	每日巡视检查	巡检人员每日对施工现场进行巡视，检查项目包括用电、消防、机具、管线、施工现场的安全。主要关注工地电线是否老化、私拉乱扯；消防器材是否状态正常；施工人员是否佩戴安全防护用品；地上、地下管线是否有损坏；现场有无安全标志等	"一基地一中心"	安全保卫班巡检人员	—
2	填写记录表	根据实际巡视情况填写《施工现场日常安全检查记录表》，内容包括施工项目、施工位置、日期、检查人、时间、检查项目、是否正常、存在问题、处理情况	"一基地一中心"	安全保卫班巡检人员	《施工现场日常安全检查记录表》
3	通知处室负责人	巡检人员对施工现场进行巡视，发现安全隐患及违章作业时应及时劝阻，并向处室负责人报告	"一基地一中心"	安全保卫班巡检人员	—
4	通知改正	处室负责人口头通知施工负责人在巡检中所发现的安全隐患及违章作业情况，施工负责人接到通知后立即进行改正	"一基地一中心"	安全保卫班巡检人员	—
5	检查监督整改	责任处室监督检查施工队的整改过程及结果，并在《施工现场日常安全检查记录表》中填写处理情况	"一基地一中心"	安全保卫班巡检人员	《施工现场日常安全检查记录表》

（3）控制矩阵。

| 控制目标 | | | | 步骤编号 | 风险点名称 | 控制点编号 | 控制点名称 | 评价标准 | 控制证据 | 控制方式 | 涉及系统 | 控制频率 | 制度索引 |
资产安全	经营目标	报告目标	合法合规					控制点描述					
			✓	1	人身安全风险	AQ-01-02-KC01	巡检全面、合规性控制	巡检人员每日对施工现场进行巡视，检查包括用电、消防、机具、管线、施工现场的安全。主要关注工地电线电缆是否老化、私拉乱扯；消防器材是否状态正常；施工人员是否佩戴安全防护用品；地上、地下管线是否有损坏；现场有无安全标志等	《施工现场日常安全检查记录表》	手工控制	/	每天	《"一基地一中心"安环处管理制度》《北京市建设工程施工现场管理办法》

3. 劳保用品采购与发放管理流程

（1）流程图。

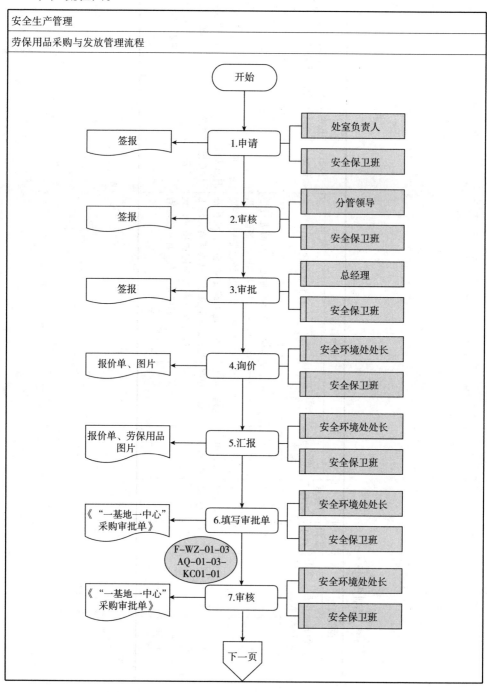

安全生产管理

劳保用品采购与发放管理流程

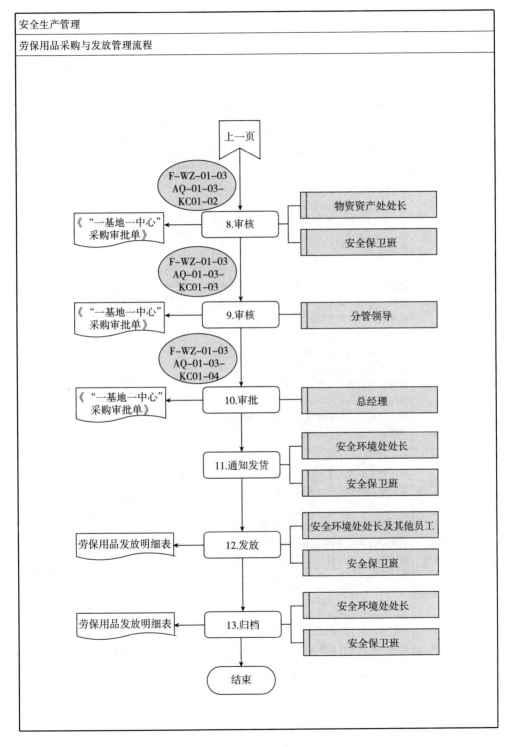

（2）流程信息表。

步骤序号	流程步骤	步骤说明	涉及层级	岗位名称	流转资料（评价证据）
1	申请	责任处室根据综合管理处提供的员工人数做出劳保用品发放的请示签报，签发人为责任处室负责人，内容包括劳保费用发放标准、发放人数、预计费用等	"一基地一中心"	处室负责人、安全保卫班	签报
2	审核	处室分管领导审核责任处室负责人提交的签报，主要关注请示内容是否准确、完整，请示流程是否合规，事项理由是否合理。之后提交"一基地一中心"总经理进行审批	"一基地一中心"	分管领导、安全保卫班	签报
3	审批	总经理审核签报，主要关注请示内容是否准确、完整，请示流程是否合规，事项理由是否合理。审批通过后流转至责任处室	"一基地一中心"	总经理、安全保卫班	签报
4	询价	责任处室负责人根据审批通过后的签报亲自去市场展开调研，并进行价格对比，取得劳保用品的报价单，报价单内容包括商品编码、商品名称、当前售价、售价、数量、合计等。后附报价单中劳保用品产品图片	"一基地一中心"	安全环境处处长、安全保卫班	报价单、图片
5	汇报	责任处室负责人将市场询价情况向分管领导汇报，同意后进入采购程序	"一基地一中心"	安全环境处处长、安全保卫班	报价单、劳保用品图片
6	填写审批单	责任处室经办人填写《"一基地一中心"采购审批单》，内容包括申请处室、日期、需求事由、费用科目、采购类别、采购内容、供应（服务）商名称及报价等	"一基地一中心"	安全环境处处长、安全保卫班	《"一基地一中心"采购审批单》
7	审核	责任处室负责人审核《"一基地一中心"采购审批单》，并填写审核意见。主要关注需求事由是否合理、审批流程是否符合"一基地一中心"的规定、填写采购审批单的内容是否完整。之后提交物资资产处	"一基地一中心"	安全环境处处长、安全保卫班	《"一基地一中心"采购审批单》

续表

步骤序号	流程步骤	步骤说明	涉及层级	岗位名称	流转资料（评价证据）
8	审核	物资资产处负责人审核《"一基地一中心"采购审批单》，并填写审核意见。主要关注需求事由是否合理、审批流程是否符合"一基地一中心"的规定、填写采购审批单的内容是否完整。之后提交分管领导	"一基地一中心"	物资资产处处长、安全保卫班	《"一基地一中心"采购审批单》
9	审核	分管领导审核《"一基地一中心"采购审批单》，并填写审核意见。主要关注需求事由是否合理、审批流程是否符合"一基地一中心"的规定、填写采购审批单的内容是否完整。之后提交总经理	"一基地一中心"	分管领导	《"一基地一中心"采购审批单》
10	审批	总经理审核《"一基地一中心"采购审批单》，主要关注需求事由是否合理、审批流程是否符合"一基地一中心"的规定、填写采购审批单的内容是否完整。并填写审核意见	"一基地一中心"	总经理	《"一基地一中心"采购审批单》
11	通知发货	责任处室通知供应商按规定备货、发货	"一基地一中心"	安全环境处处长、安全保卫班	—
12	发放	责任处室验收货物后向各处室分发，各处室领取并在员工劳保用品发放明细表上签字，员工领取劳保用品后在××处劳保用品发放明细表上签字	"一基地一中心"	安全环境处处长及其他员工、安全保卫班	劳保用品发放明细表
13	归档	各处室将签字后的劳保用品发放明细表交至责任处室归档	"一基地一中心"	安全环境处处长、安全保卫班	劳保用品发放明细表

（3）控制矩阵。

控制目标 资产安全	控制目标 经营目标	控制目标 报告目标	控制目标 合法合规	步骤编号	风险点名称	控制点编号	控制点名称	评价标准 控制点描述	控制证据	控制方式	涉及系统	控制频率	制度索引
	√		√	7	采购管理风险	AQ-01-03-KC01-01	劳保用品合理性控制	安全环境处负责人审核《"一基地一中心"采购审批单》时检查采购劳动用品的程序是否合规、比较劳保用品的性价比、维护劳动者的合法权益。主要关注需求是否合理、审批流程是否符合"一基地一中心"的规定、采购审批单的内容是否完整	报价单、劳保用品图片、《"一基地一中心"采购审批单》	手工控制	/	定期	《"一基地一中心"物资管理规章制度汇编（试行）》《中华人民共和国劳动法》
	√		√	8	采购管理风险	AQ-01-03-KC01-02	劳保用品合理性控制	物资资产处负责人审核《"一基地一中心"采购审批单》时检查采购劳动用品的程序是否合规、比较劳保用品的性价比、维护劳动者的合法权益。主要关注需求是否符合"一基地一中心"的规定、审批流程是否合理、采购审批单的内容是否完整	报价单、劳保用品图片、《"一基地一中心"采购审批单》	手工控制	/	定期	

续表

控制目标				步骤编号	风险点名称	控制点编号	评价标准		控制证据	控制方式	涉及系统	控制频率	制度索引
资产安全	经营目标	报告目标	合法合规				控制点名称	控制点描述					
	√		√	9	采购管理风险	AQ-01-03-KC01-03	劳保用品合理性控制	安全环境处分管领导审核《"一基地一中心"采购审批单》时检查采购劳保用品的程序是否合规、比较用品的性价比，维护劳动者的合法权益。主要关注需求事由是否合理、审批流程是否符合"一基地一中心"的规定，采购审批单的内容是否完整	报价单、劳保用品图片、《"一基地一中心"采购审批单》	手工控制	/	定期	《"一基地一中心"物资管理规章制度汇编（试行）》《中华人民共和国劳动法》
	√		√	10	采购管理风险	AQ-01-03-KC01-04	劳保用品合理性控制	总经理审核《"一基地一中心"采购审批单》时检查采购劳保用品的程序是否合规、比较价比、维护劳动者的合法权益。主要关注需求事由是否合理、审批流程是否符合"一基地一中心"的规定，采购审批单的内容是否完整	报价单、劳保用品图片、《"一基地一中心"采购审批单》	手工控制	/	定期	

4. 消防中控室接报警管理流程

（1）流程图。

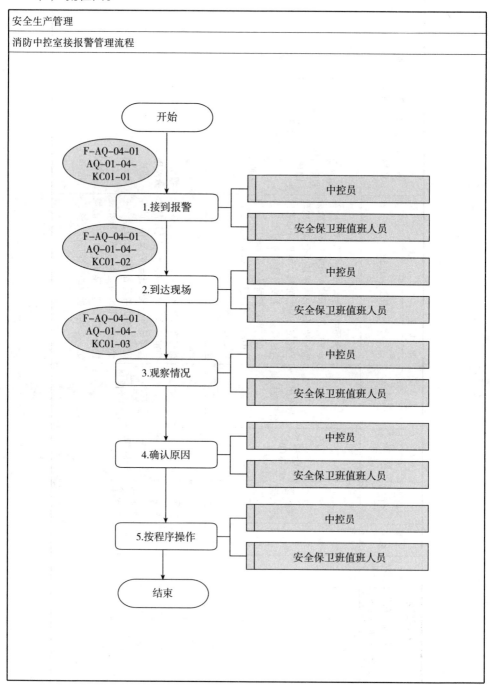

（2）流程信息表。

步骤序号	流程步骤	步骤说明	涉及层级	岗位名称	流转资料（评价证据）
1	接到报警	消防中控室值班人员接到报警（消防主机报警、报警电话、客房紧急呼叫等），在一分钟内确认报警点	"一基地一中心"	中控员、安全保卫班值班人员	—
2	到达现场	一名值班员携带对讲机、应急包按照报警显示地点，在3分钟内赶到现场进行确认	"一基地一中心"	中控员、安全保卫班值班人员	—
3	观察情况	另一名值班员坚守中控室，用电话通知报警地点的服务人员打开房门，等候消防人员到达。并通过消防主机、视频监控观察报警点情况，与跑点人员（确认报警人员）随时保持联系	"一基地一中心"	中控员、安全保卫班值班人员	—
4	确认原因	跑点人员赶到现场确认报警原因：①若误报，通知中控室进行消防主机复位；②若是火险报警，立即通知消防中控室，启动应急预案，开展救援灭火工作	"一基地一中心"	中控员、安全保卫班值班人员	—
5	按程序操作	消防中控室值班员接到确认信息后按程序操作	"一基地一中心"	中控员、安全保卫班值班人员	—

（3）控制矩阵。

| 控制目标 | | | | 步骤编号 | 风险点名称 | 控制点编号 | 评价标准 | | | 控制证据 | 控制方式 | 涉及系统 | 控制频率 | 制度索引 |
资产安全	经营目标	报告目标	合法合规				控制点名称	控制点描述						
√			√	1	应急基础管理风险	AQ-01-04-KC01-01	应急处置合理性控制	消防控制室应配备专门值班、操作人员，实行24小时值班制度，每个班次不得少于2人		人员资质证书	手工IT控制	自动消防设施系统	不定期	《"一基地一中心"消防管理制度》《中华人民共和国消防法》
√			√	2	应急基础管理风险	AQ-01-04-KC01-02	应急处置合理性控制	消防控制室值班、操作人员上岗前应经消防安全技术业务培训考试合格后持证上岗，熟练掌握本单位自动消防设施的工作原理、操作规程及常见故障排除方法		人员资质证书	手工IT控制	自动消防设施系统	不定期	
√			√	3	应急基础管理风险	AQ-01-04-KC01-03	应急处置合理性控制	未取得上岗证的人员不得从事自动消防设施的操作及维护；按要求开展应急指挥中心、调动力量、开展应急处置工作，确保灾害发生后，及时开展应急处置与救援		人员资质证书	手工IT控制	自动消防设施系统	不定期	

第十章 服务质量管理

一、服务质量管理流程目录

序号	二级流程编号	二级流程名称	末级流程编号	末级流程名称
1	FW-01	业务服务质量管理	FW-01-01	会务接待与服务管理
2	FW-02	餐饮服务质量管理	FW-02-01	食材采购与菜品制作管理
3	FW-03	客房服务质量管理	FW-03-01	布草清洗与发放管理
4			FW-03-02	客房日常保洁管理

二、流程图与控制矩阵

(一) 业务服务质量管理

会务接待与服务管理流程

(1) 流程图。

业务服务质量管理

会务接待与服务管理流程

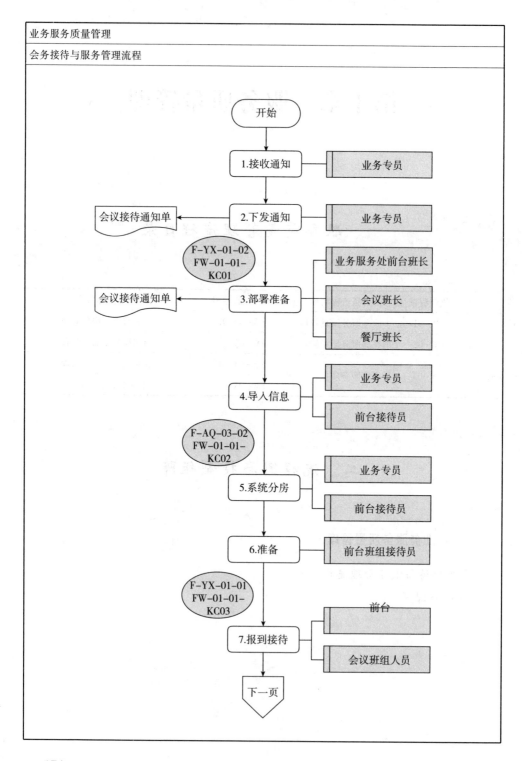

业务服务质量管理

会务接待与服务管理流程

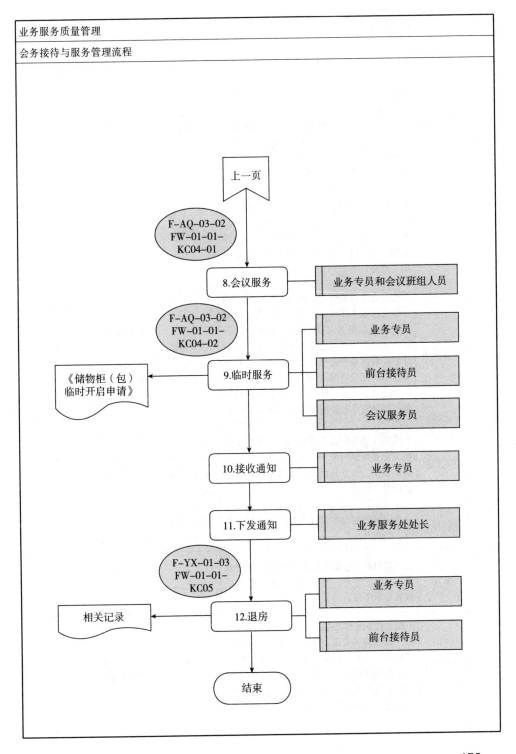

（2）流程信息表。 续表

步骤序号	流程步骤	步骤说明	涉及层级	岗位名称	流转资料（评价证据）
1	接收通知	上级单位服务中心提前以电话形式通知"一基地一中心"业务服务处负责人，告知评标会、培训会等会议计划。内容包括预计时间安排、预计人员、会议要求等	"一基地一中心"	业务专员	—
2	下发通知	业务服务处负责人接到会议通知，根据会议单位要求与计划编写会议接待通知单。内容包括会议名称、会议日程、启动会安排、接待安排等。明确"一基地一中心"各相关处室会议期间的工作内容、注意事项等。之后将纸质会议接待通知单送达至相关处室	"一基地一中心"	业务专员	会议接待通知单
3	部署准备	各相关处室根据所接收的通知单，提前做好相关准备工作。前台班组提前布置报到现场；客房服务处制订客房保洁工作计划；会议班组制订会议期间会场服务人员计划；餐饮服务处准备菜品样式与食材采购计划；安全环境处制订安全保卫计划、防护隔离带；运行维护处提前检查基础设备；物资资产处提前做好加班餐采买工作	"一基地一中心"	业务服务处前台班长、会议班长、餐厅班长	会议接待通知单
4	导入信息	上级单位服务中心或其他国网系统内单位相关会务员提前至"一基地一中心"开展前期工作。会务员登录智慧管理系统导入会议专家信息	上级单位服务中心或其他国网系统内单位	业务专员、前台接待员	—
5	系统分房	业务服务处前台登录智慧管理系统操作系统，完成分房	"一基地一中心"	业务专员、前台接待员	—
6	准备	前台班组及客房服务处根据专家组住房安排，将电子手环、专家牌、代表证等物品放置专家所住房间	"一基地一中心"	前台班组接待员	—
7	报到接待	上级单位服务中心会务员及"一基地一中心"前台班组人员，在专家报到期间做好报到指引。前台核实专家身份，专家凭身份证办理住宿登记。会务员及前台指引专家将手机等智能设备存入匹配的储物柜。完成储物后指引专家至客房	"一基地一中心"	前台、会议班组人员	—

步骤序号	流程步骤	步骤说明	涉及层级	岗位名称	流转资料（评价证据）
8	会议服务	会议期间各处室按要求实施会务、餐饮、客房等服务工作，各处室自行管理各处室员工手机，禁止在评标会场使用电话。业务服务处会务组主要做好会议物品和接待物品的准备、会中茶水服务、会后材料整理等工作	"一基地一中心"	业务专员和会议班组人员	—
9	临时服务	会议期间"一基地一中心"业务服务处设值班人员，负责录音电话管理与储物柜临时开启工作。值班人员根据经审批的《储物柜（包）临时开启申请》及系统出入申请，按照评标要求做好储物柜临时开启工作。会议期间上级单位服务中心提供一部录音电话，允许外部接入，非评标人员如需联系专家需拨打此录音电话。值班人员负责录音电话接听工作，向相关专家传达非涉密的信息	"一基地一中心"	业务专员、前台接待员、会议服务员	《储物柜（包）临时开启申请》
10	接收通知	上级单位服务中心提前以电话形式通知"一基地一中心"业务服务处负责人会议结束时间	"一基地一中心"	业务专员	—
11	下发通知	业务服务处负责人告知各处室会议结束时间，各处室根据情况调整工作。会议结束后撤出隔离带	"一基地一中心"	业务服务处处长	—
12	退房	业务服务处前台在专家撤离办理退房手续时，同步回收并整理电子手环、电子钥匙、工牌等物品。指引专家取回储物柜物品。随后核对收回物品数量，完成物品消毒和电子设备充电，统一存放储备	"一基地一中心"	业务专员、前台接待员	相关记录

（3）控制矩阵。

控制目标				步骤编号	风险点名称	控制点编号	控制点名称	评价标准（控制点描述）	控制证据	控制方式	涉及系统	控制频率	制度索引
资产安全	经营目标	报告目标	合法合规										
√	√		√	3	会务服务风险	FW-01-01-KC01	会议准备工作合理性控制	业务服务处及时编写会议接待通知单，传达至各相关处室根据接收的通知单提前做好相关准备工作。前台班组提前报到现场；客房服务处制订订客房保洁工作计划；会议班组制订会议期同会场准备人员计划；餐饮服务处准备菜品样式与食材采购计划；安全环境处制订安全保卫计划、防止隔离带；运行维护处提前检查基础设备；物资资产处提前做好加班餐采买工作	会议接待通知单	/	/	不定期	暂无
√	√		√	5	评标信息保密风险	FW-01-01-KC02	专家信息保密控制	涉密载体使用人员严格按照《国家电网有限公司保密工作管理办法》及《国家密规定》中关于涉密载体使用、管理相关规定，在使用过程中严格控制涉密保密载体使用人员范围和知悉范围，坚决杜绝泄密事件发生，确保涉密载体使用过程安全、可控。同时加强前台员工廉洁教育和保密意识，杜绝故意对外泄露专家信息	入住登记手续	系统控制	智慧管理系统	不定期	《国家电网有限公司保密工作管理办法》《企业内部控制应用指引第17号——内部信息传递》

续表

控制目标				步骤编号	风险点名称	控制点编号	控制点名称	评价标准		控制证据	控制方式	涉及系统	控制频率	制度索引
资产安全	经营目标	报告目标	合法合规					控制点描述						
	√		√	7	业务接待风险	FW-01-01-KC03	客户服务管理合规性控制	建立和完善客户服务管理体系，树立员工良好的职业道德和正确的服务思想，客服工作要加强公司内部协调，对每个问题的解决都要进行跟踪并限时处理，不断总结服务工作的实际经验，提高自身的业务素质与业务技能		客户投诉记录	手工控制	/	不定期	暂无
	√		√	8	评标信息保密风险	FW-01-01-KC04-01	评标信息保密控制	各处室人员应严格按照《国家电网有限公司保密工作管理办法》中相关规定对违反国家保密法律法规的行为进行判断，确定处理处罚，根据情节轻重进行相应处理，确保保密制度落实		保密协议	手工控制	/	不定期	《国家电网有限公司保密工作管理办法》《企业内部控制应用指引第17号——内部信息传递》
	√		√	9	评标信息保密风险	FW-01-01-KC04-02	评标信息保密控制	各处室人员应严格按照《国家电网有限公司保密工作管理办法》中相关规定对违反国家保密法律法规的行为进行判断，确定处理处罚，根据情节轻重进行相应处理，确保保密制度落实		保密协议	手工控制	/	不定期	

续表

控制目标				步骤编号	风险点名称	控制点编号	评价标准			控制证据	控制方式	涉及系统	控制频率	制度索引
资产安全	经营目标	报告目标	合法合规				控制点名称	控制点描述						
√			√	12	评标备用品管理风险	FW-01-01-KC05	评标备用品管理规范化控制	业务服务处前台在专家撤离办理退房手续时同步回收并整理电子手环、电子钥匙、工牌等物品。指引专家取回储物柜物品。随后核对收回物品数量，完成物品消毒和电子设备充电，统一存放储备		相关记录	手工控制	/	不定期	暂无

（二）餐饮服务质量管理

食材采购与菜品制作管理流程

（1）流程图。

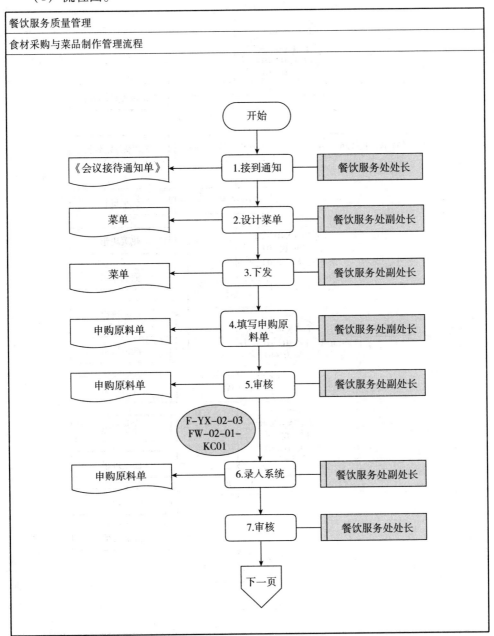

食材采购与菜品制作管理流程
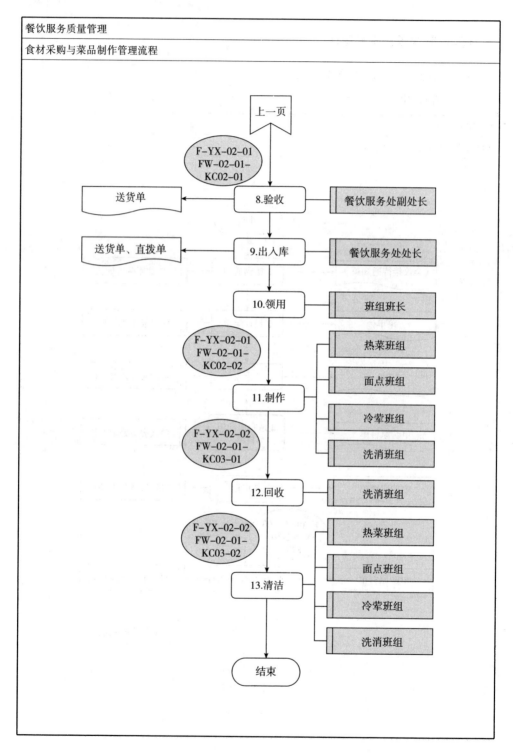

（2）流程信息表。

步骤序号	流程步骤	步骤说明	涉及层级	岗位名称	流转资料（评价证据）
1	接到通知	接收业务服务处下发的《会议接待通知单》，通知单包括会议期间用餐日期、餐名、用餐时间、标准、人数、地点、用餐形式等信息	"一基地一中心"	餐饮服务处处长	《会议接待通知单》
2	设计菜单	餐饮服务处负责人根据通知单的人数、标准、品种信息设计并制作接待菜单	"一基地一中心"	餐饮服务处副处长	菜单
3	下发	餐饮服务处负责人将制作完成的菜单打印后分发至各班组，餐饮服务处包括凉菜、热菜、面点、砧板四个班组	"一基地一中心"	餐饮服务处副处长	菜单
4	填写申购原料单	各班组负责人根据菜单所需原材料数量，填写申购原料单，内容包括品名、采购数量、采购班组，提交办室负责人处审核	"一基地一中心"	餐饮服务处副处长	申购原料单
5	审核	餐饮服务处负责人审核各班组提交的申购原料单，修改并汇总采购明细。主要关注采购原材料数量是否合理、品种是否齐全等	"一基地一中心"	餐饮服务处副处长	申购原料单
6	录入系统	餐饮服务处副处长根据审核后的采购信息在采购管理系统中填写请购单，内容包括物资编码、品名、规格、最近价格、采购单位、请购数量、单价、金额、税额、税率、净税单价、净税金额、备注、期望日期等信息，采购管理系统中供应商为协议供应商，物资资产处负责人每半月询价一次，结合餐饮价格网、市场价格和供应商报价与供应商协商确定原材料最新定价	"一基地一中心"	餐饮服务处副处长	申购原料单
7	审核	餐饮处负责人审核采购管理系统中的内容是否准确，审核无误后下达单据，通知供应商在指定时间、指定地点运送原材料	"一基地一中心"	餐饮服务处处长	—

步骤序号	流程步骤	步骤说明	涉及层级	岗位名称	流转资料（评价证据）
8	验收	原材料送至指定地点后，由物资资产处、餐饮服务处、协议供应商三方验收原材料，验收过程中对蔬菜、水果等原材料进行农药残留检测，超过标准范围的原材料做浸泡处理后再检测，检测合格的留用，不合格的做退回处理。检查原材料是否新鲜、调料是否存在过期现象	"一基地一中心"	餐饮服务处副处长	送货单
9	出入库	收货后物资资产处根据送货单做入库单、出库单。具体流程详见物资资产处出入库管理	"一基地一中心"	餐饮服务处处长	送货单、直拨单
10	领用	各班组领用所需原材料，为制作菜品做准备工作	"一基地一中心"	班组班长	—
11	制作	原材料经过消毒、洗涤、浸泡、切配、烹饪等流程后完成菜品制作并出餐	"一基地一中心"	热菜班组、面点班组、冷荤班组、洗消班组	—
12	回收	待客人用餐完毕后回收餐具，并按照分类—去残渣—洗涤—浸泡消毒—净水冲洗—消毒等流程洗消餐具，晾干后放入消毒柜中	"一基地一中心"	洗消班组	—
13	清洁	餐饮服务处员工在制作菜品过程中及每日下班前及时清洁后厨、摆放用具	"一基地一中心"	热菜班组、面点班组、冷荤班组、洗消班组	—

（3）控制矩阵。

控制目标				步骤编号	风险点名称	控制点编号	控制点名称	评价标准				涉及系统	控制频率	制度索引
资产安全	经营目标	报告目标	合法合规					控制点描述	控制证据	控制方式				
	√		√	6	食材成本控制风险	FW-02-01-KC01	原材料成本控制	物资资产处负责人每半月询价一次，结合餐饮价格网，市场价格和供应商报价与供应商协商原材料定价。根据各类菜品价格选择合适的食材，合理控制成本	定价表	手工依赖IT控制	采购管理系统	不定期	暂无
	√		√	8	食品卫生安全风险	FW-02-01-KC02-01	卫生安全管理控制	运用专业设备检测农残是否超标，检查原材料是否新鲜、调料是否存在过期现象	送货单入库单	人工控制	/	不定期	《中华人民共和国食品卫生法》
	√		√	11	食品卫生安全风险	FW-02-01-KC02-02	卫生安全管理控制	菜品制作前检查食材是否存在过期现象，制作时注意清洁卫生和消毒食物相克情况。做好清洁卫生和消毒除菌工作，确保食物品质，不发生食物中毒事件	现场检查	人工控制	/	不定期	《食品烹调卫生制度》《食品粗加工卫生制度》《面点制作卫生制度》《凉菜制作卫生制度》《中华人民共和国食品卫生法》

续表

控制目标			步骤编号	风险点名称	控制点编号	控制点名称	评价标准					
资产安全	经营目标	报告目标	合法合规					控制点描述	控制证据	控制方式	涉及系统	控制频率	制度索引
	√		√	12	餐饮卫生风险	FW-02-01-KC03-01	餐具卫生规范化控制	待客人用餐完毕后回收餐具,并按照分类去残渣一洗涤一清水冲洗一消毒一浸泡消毒等流程洗消餐具,晾干后放入消毒柜中	现场检查	人工控制	/	不定期	《洗消间卫生制度》《中华人民共和国食品卫生法》
	√		√	13	餐饮卫生风险	FW-02-01-KC03-02	厨房卫生规范化控制	餐饮服务处员工在制作菜品过程中将盛放原材料的容器用后及时清洗干净,定位存放。随时保持环境卫生。加工台面、水池、地面随时保持无杂物、残渣,无积水。操作时产生的垃圾放于密闭容器内,随时清理。下班前做全面清洁。清理灶台、下水口等处,做到无杂物、残渣和积水;汤锅、蒸箱内的汤、水掏净;半成品、炒勺、锅等洗涮要求储存,定位存放;调料罐、油盘子(油罐)要加盖或用盖布苫好;每天冲洗地面,做到无油渍	现场检查	人工控制	/	不定期	《中华人民共和国食品卫生法》

（三）客房服务质量管理

1. 布草清洗与发放管理流程

（1）流程图。

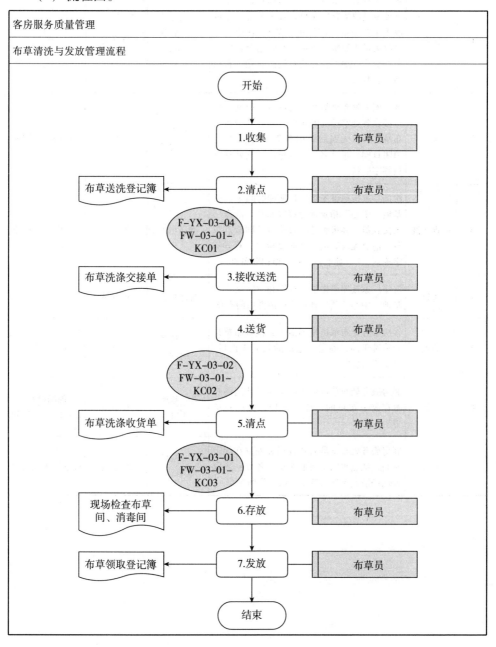

客房服务质量管理

布草清洗与发放管理流程

（2）流程信息表。

步骤序号	流程步骤	步骤说明	涉及层级	岗位名称	流转资料（评价证据）
1	收集	客房服务处布草员收集客房布草；餐饮服务处专员收集餐厅布草；安全环境处专员收集康体布草（游泳馆布草）；各处室专员收集员工制服，在指定时间送至客房服务处交代的地点，并清点送达日期、布草名称、数量	"一基地一中心"	布草员	—
2	清点	客房服务处布草员在事先确定的时间、地点接收各处室送洗的布草，双方共同清点布草，清点无误后登记布草送洗登记簿。填明日期、布草名称、数量，送洗处室专员签字确认	"一基地一中心"	布草员	布草送洗登记簿
3	接收送洗	洗涤厂家按照事先指定日期和时间至"一基地一中心"指定地点接收布草，洗涤厂家接收员与客房服务处布草员共同清点布草，清点无误后填写洗涤交接单，双方签字确认，"一基地一中心"留白联备查	洗涤厂家	布草员	布草洗涤交接单
4	送货	洗涤厂家按照事先指定日期和时间至"一基地一中心"指定地点交回清洗后的布草	洗涤厂家	布草员	—
5	清点	客房服务处布草员现场清点，检查布草是否清洗干净，确定与送洗的物品无误后，签字确认验收	"一基地一中心"	布草员	布草洗涤收货单
6	存放	客房服务处布草员将清洗干净未使用的布草存放至布草间，统一管理，保证布草卫生	"一基地一中心"	布草员	现场检查布草间、消毒间
7	发放	客房服务处布草员通知各相关处室在规定时间、地点领取交付的布草，各处室领取人现场清点无误后签字确认，领回布草	"一基地一中心"	布草员	布草领取登记簿

（3）控制矩阵。

控制目标				步骤编号	风险点名称	控制点编号	评价标准		控制证据	控制方式	涉及系统	控制频率	制度索引
资产安全	经营目标	报告目标	合法合规				控制点名称	控制点描述					
√				3	物资数量管理风险	FW-03-01-KC01	物资数量准确性控制	洗涤厂家按照事先指定日期和时间至"一基地一中心"指定地点接收布草，洗涤厂家收货员与客房服务处共同清点交接布草，清点无误后填写洗涤交接单，双方签字确认，"一基地一中心"留白联备查	布草洗涤交接单	手工控制	/	不定期	《"一基地一中心"客房工作流程》
√				5	清洁卫生风险	FW-03-01-KC02	清洁卫生控制	客房服务处布草员现场清点，检查布草是否清洗干净，确定与送洗的物品无误后签字确认验收	布草洗涤收货单	手工控制	/	不定期	《"一基地一中心"客房工作流程》《旅店业卫生标准》
√			√	6	配套设施设置风险	FW-03-01-KC03	配套设施设置合规性控制	"一基地一中心"需按照卫生监督管理局要求，在有客房的各个楼中设置独立的布草间及消毒间，统一管理布草、茶具等，保证客房用品的清洁卫生	现场检查布草间、消毒间	手工控制	/	不定期	《旅店业卫生标准》

2. 客房日常保洁管理流程

（1）流程图。

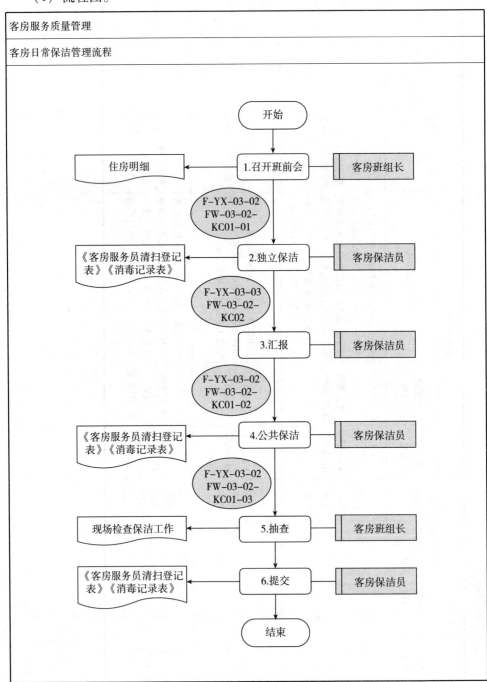

（2）流程信息表。

步骤序号	流程步骤	步骤说明	涉及层级	岗位名称	流转资料（评价证据）
1	召开班前会	每日上班前，客房组班长在"入住管理系统"中导出每日住房明细。随后主持召开班前会，全体客房班组成员参会。会议内容包括贯彻落实上级领导下发的通知、指示；组织成员学习最新政策、法规；强调日常工作纪律；依据当日住房情况，责任到人，安排客房日常保洁工作计划和公共区域保洁计划	"一基地一中心"	客房班组长	住房明细
2	独立保洁	客房组服务员按班长要求到达指定工作区域开展客房卫生清理相关工作。清理工作必须严格按照"一基地一中心"客房标准执行。清理完毕后登记客房服务员清扫登记表。疫情期间同步开展消毒工作并填写消毒记录表。同步检查客房家具、用具是否损坏	"一基地一中心"	客房保洁员	《客房服务员清扫登记表》《消毒记录表》
3	汇报	客房组服务员需在指定时间向班长汇报工作进度。发现房间设备损要及时通知处室负责人，报运行维护处及时开展维修维护	"一基地一中心"	客房保洁员	—
4	公共保洁	客房组班长根据各服务员工作进度，再次协调安排工作。主要协调室内公共区域清洁工作。客房组服务员在完成客房清理工作后整理卫生工具，打扫公寓内公共卫生区域	"一基地一中心"	客房保洁员	《客房服务员清扫登记表》《消毒记录表》
5	抽查	客房组班长在服务员开展清洁工作过程中或结束后，抽查部分服务员工作。重点检查服务员在清洁过程中是否严格按照"一基地一中心"客房管理规范要求清洁淋浴房、清洁卫生间、除尘等；物品摆放是否整齐规范；清洁结果是否达到标准要求。如检查不合格，立即要求服务员重新清洁，直至检查合格	"一基地一中心"	客房班组长	现场检查保洁工作
6	提交	每日下班前，客房组服务员将《客房服务员清扫登记表》《消毒记录表》交由客房服务处办公室存档	"一基地一中心"	客房保洁员	《客房服务员清扫登记表》《消毒记录表》

（3）控制矩阵。

控制目标				步骤编号	风险点名称	控制点编号	控制点名称	评价标准 控制点描述	控制证据	控制方式	涉及系统	控制频率	制度索引
资产安全	经营目标	报告目标	合法合规										
	√			2	清洁卫生风险	FW-03-02-KC01-01	清洁卫生控制	客房组服务员按班长要求到到指定工作区域开展客房卫生清理相关工作。清理工作必须按照"一基地一中心"客房标准严格执行。清理完毕后登记客房组服务员清扫登记表。疫情期间同步开展消毒工作并填写消毒记录表。同步检查客房家具、用具是否损坏	《客房服务员清扫登记表》《消毒记录表》	手工控制	/	不定期	《"一基地一中心"客房标准工作流程》《旅店业卫生标准》
√				3	客房设备安全风险	FW-03-02-KC02	客房设备安全性控制	客房组服务员在打扫房间时同步检查房间桌、椅、板凳、台灯、洁具等设备情况，发现设备损坏或出现安全隐患时，第一时间报告客房服务处负责人，客房服务处负责人及时通知运行处开展维护维修工作	维修工单记录表	手工控制	/	不定期	《"一基地一中心"客房标准工作流程》
	√			4	清洁卫生风险	FW-03-02-KC01-02	清洁卫生控制	客房组班长根据各服务员工作进度，再次协调室内公共区域清洁工作。服务员在完成客房清理工作后整理卫生工具，打扫公寓内公共卫生区域	《客房服务员清扫登记表》《消毒记录表》	手工控制	/	不定期	《"一基地一中心"客房标准工作流程》《旅店业卫生标准》

续表

控制目标				步骤编号	风险点名称	控制点编号	评价标准		控制证据	控制方式	涉及系统	控制频率	制度索引
资产安全	经营目标	报告目标	合法合规				控制点名称	控制点描述					
√	√			5	清洁卫生风险	FW−03−02−KC01−03	清洁卫生控制	客房组班长在服务员开展清洁工作过程中或结束后抽查部分服务员工作。重点检查服务员在清洁过程中是否严格按照规范要求清洁"一基地一中心"客房浴房、卫生间、除尘等；清洁物品摆放是否整齐规范；清洁结果是否达到标准要求。如检查结果不合格，立即要求服务员重新清洁，直至检查合格	现场检查保洁工作	手工控制	/	不定期	《"一基地一中心"客房标准工作流程》

第十一章 运行维护管理

一、运行维护管理流程目录

二、流程图与控制矩阵

运维检修与施工建设管理

1. 日常维修管理流程

（1）流程图。

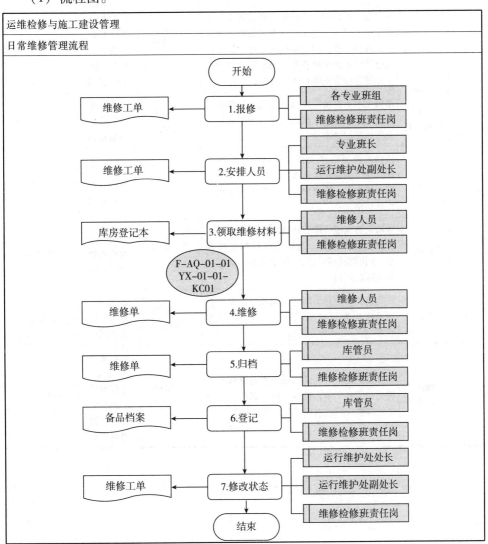

（2）流程信息表。

步骤序号	流程步骤	步骤说明	涉及层级	岗位名称	流转资料（评价证据）
1	报修	各员工在工作中如发现电器、水管、家具等基础设施设备发生故障或损坏，随时登录设备管理系统新增维修工单。填明维修类别、报修日期、报修处室、维修地点位置、维修内容、可能需要的维修品材料等事项。情况紧急时报修人员同步电话联系运行维护处负责人	"一基地一中心"	各专业班组、维修检修班责任岗	维修工单
2	安排人员	电工班、水调班、维检班（负责瓦工、木工工作）值班人员实时查看设备管理系统中的维修工单，同时接收运行维护处负责人电话传达的报修任务，根据维修事项类别和紧急程度安排具体维修人员	"一基地一中心"	专业班长、运行维护处副处长、维修检修班责任岗	维修工单
3	领取维修材料	维修工单上若填写维修所需材料，维修人员至库管员处领取维修材料，同时登记备品库库房记录本	"一基地一中心"	维修人员、维修检修班责任岗	库房登记本
4	维修	维修人员至报修人指定地点实施检修工作。完工后登记纸质维修单。记录维修时间、维修人、维修内容，验收人签字确认维修结果	"一基地一中心"	维修人员、维修检修班责任岗	维修单
5	归档	维修人员完成维修后将纸质维修单提交运行维护处办公室。返还多余材料至库管员，同时登记备品库库房记录本，确定物料实际耗用情况	"一基地一中心"	库管员、维修检修班责任岗	维修单
6	登记	库管员根据物料实际耗用情况，在设备管理系统中登记材料、备品、工具、能源档案	"一基地一中心"	库管员、维修检修班责任岗	备品档案
7	修改状态	运行维护处负责人或副处长查看维修人员提交的维修工单，确认维修完成后，在设备管理系统修改对应条目的维修状态	"一基地一中心"	运行维护处处长、运行维护处副处长、维修检修班责任岗	维修工单

（3）控制矩阵。

控制目标				步骤编号	风险点名称	控制点编号	评价标准			控制证据	控制方式	涉及系统	控制频率	制度索引
资产安全	经营目标	报告目标	合法合规				控制点名称	控制点描述						
√			√	4	设备安全与质量风险	YX-01-01-KC01	维修及时性控制	维修人员至报修人指定地点认真开展设备隐患排查工作，实施检修工作。完工后登记纸质维修单。记录维修时间、维修人、维修内容，验收人签字确认维修结果		维修单	手工控制	/	不定期	《"一基地一中心"设备设施管理方案》

2. 定期专项检修管理流程

（1）流程图。

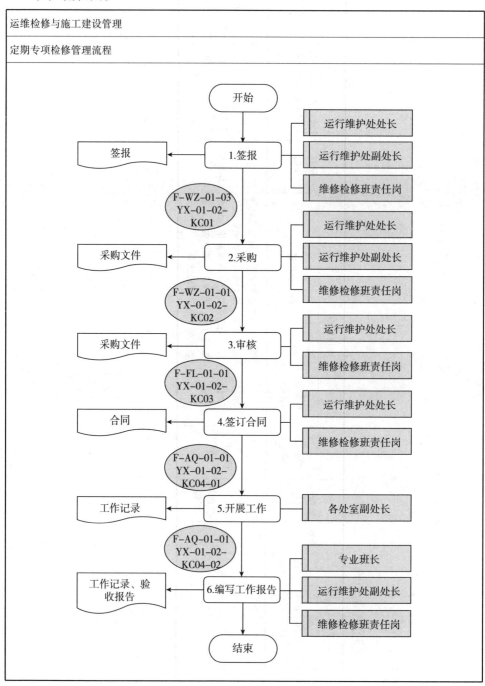

（2）流程信息表。

步骤序号	流程步骤	步骤说明	涉及层级	岗位名称	流转资料（评价证据）
1	签报	运行维护处编写年度空调维保、电梯维保、油烟管道清洁、排污管道清理等基础设施设备采购需求签报。运行维护处负责人签字签发，处室分管领导签字审核后，总经理签字审批，完成签报	"一基地一中心"	运行维护处处长、运行维护处副处长、维修检修班责任岗	签报
2	采购	物资资产处根据上级单位确定的采购方式选择标准，按签报列明的预计费用确定采购方式，5万元以上选择公开竞争性谈判，5万元及以下选择公开询价，履行采购程序。具体程序参见采购管理流程	"一基地一中心"	运行维护处处长、运行维护处副处长、维修检修班责任岗	采购文件
3	审核	物资资产处组织召开总经理办公会审议通过，确定供应商	"一基地一中心"	运行维护处处长、维修检修班责任岗	采购文件
4	签订合同	履行合同签订程序后与供应商签订维保、检修合同。具体程序参见合同管理流程	"一基地一中心"	运行维护处处长、维修检修班责任岗	合同
5	开展工作	供应商按合同约定期提供维保、检修服务。设施设备归口部门监督供应商维保、检修工作过程及结果	"一基地一中心"	各处室副处长	工作记录
6	编写工作报告	归口处室填写纸质工作记录，登记维保时间、施工单位、施工人数等。拍照记录工作前后设施设备状态。符合验收条件后，编写竣工验收报告，登记工程名称、工程地点、验收时间、验收意见，签字验收	"一基地一中心"	专业班长、运行维护处副处长、维修检修班责任岗	工作记录、验收报告

（3）控制矩阵。

控制目标				步骤编号	风险点名称	控制点编号	控制点名称	评价标准		控制证据	控制方式	涉及系统	控制频率	制度索引
资产安全	经营目标	报告目标	合法合规					控制点描述						
			√	2	采购管理风险	YX-01-02-KC01	采购规范化控制	物资资产处根据上级单位确定的采购方式选择标准，按签报列明的预计费用确定采购方式，5万元以上选择公开竞争性谈判，5万元及以下选择公开询价，履行采购程序。具体程序参见采购管理流程		采购需求计划	手工控制	/	不定期	《"一基地一中心"设备设施管理方案》
			√	3	供应商管理风险	YX-01-02-KC02	供应商资质合格性控制	实施各类采购过程中，各处室相关审核人应当检查资质相关文件、企业信用证明、资质证书等文件，核查文件是否真实、资质是否符合要求。同时相关利害关系人应当回避，确保采购过程公开、公平、公正		供应商应答文件	手工控制	/	不定期	《北京市电梯安全监督管理办法》《北京市餐饮经营单位安全生产规定》
			√	4	合同审核与签署风险	YX-01-02-KC03	合同法律合规性控制	物资资产处、财务资产处、综合管理处按照规定审核合同，合同审核的要求，确循应当审核，有效管合规。审核合同文本依法合规，确保合同内容、形式合规。审核是否符合"一基地一中心"规定，确保包括合同条款是否完备，准确，审核签署相关程序是否符合法律法规等相关合规定定；审核与其他业务相关的其他合同事项		合同	手工控制	/	不定期	

续表

控制目标				步骤编号	风险点名称	控制点编号	控制点名称	评价标准		控制证据	控制方式	涉及系统	控制频率	制度索引
资产安全	经营目标	报告目标	合法合规					控制点描述						
√			√	5	设备安全与质量风险	YX-01-02-KC04-01	设备安全性控制	供应商按合同约定定期提供维保、检修服务。设施设备归口部门监督供应商维保、检修工作过程及结果		工作记录	手工控制	/	不定期	《"一基地一中心"设备设施管理方案》《北京市电梯安全监督管理办法》《北京市餐饮经营单位安全生产规定》
√			√	6	设备安全与质量风险	YX-01-02-KC04-02	设备安全性控制	供应商按合同约定定期提供维保、检修服务。设施设备归口部门监督供应商维保、检修工作过程及结果		工作记录、验收报告	手工控制	/	不定期	

3. 生活缴费管理（水费、电费、燃气费、暖气费、有线电视费管理）流程

（1）流程图。

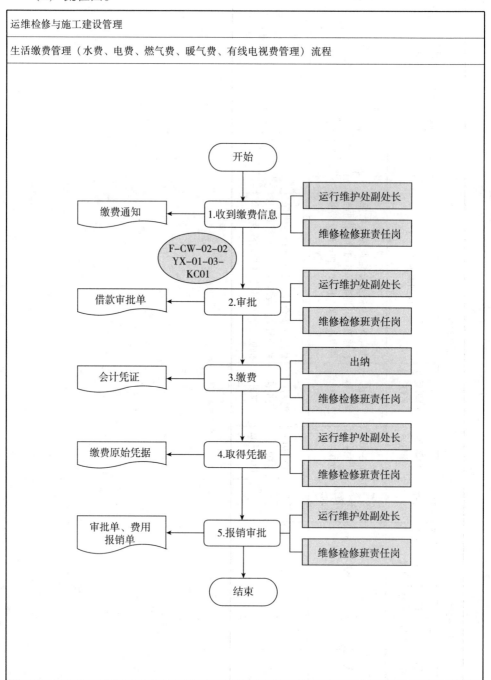

（2）流程信息表。

步骤序号	流程步骤	步骤说明	涉及层级	岗位名称	流转资料（评价证据）
1	收到缴费信息	运行维护处负责人（即"一基地一中心"各项生活缴费账户登记的缴费人）收到收费机构发送的缴费信息	"一基地一中心"	运行维护处副处长、维修检修班责任岗	缴费通知
2	审批	运行维护处负责人根据缴费金额和项目填写纸质借款审批单，签字后提交分管领导和总经理签字审批，签字审批完成后提交财务资产处出纳。具体程序参见财务员工借款流程	"一基地一中心"	运行维护处副处长、维修检修班责任岗	借款审批单
3	缴费	出纳接收运行维护处提交的借款申请单，审查审批签字完整后依据借款金额，网银对公转账支付各项费用。具体程序参见财务员工借款流程	"一基地一中心"	出纳、维修检修班责任岗	会计凭证
4	取得凭据	缴费完成后，运行维护处负责人收到电子缴费原始凭据	"一基地一中心"	运行维护处副处长、维修检修班责任岗	缴费原始凭据
5	报销审批	运行维护处负责人打印纸质缴费凭据，填写费用审批单与费用报销单，提交分管领导、财务负责人、总经理审批，签字审批完成后将全部单据交财务核算岗登记入账，冲销借款。具体程序参见财务报销流程	"一基地一中心"	运行维护处副处长、维修检修班责任岗	审批单、费用报销单

（3）控制矩阵。

控制目标				步骤编号	风险点名称	控制点编号	控制点名称	评价标准		控制证据	控制方式	涉及系统	控制频率	制度索引
资产安全	经营目标	报告目标	合法合规					控制点名称	控制点描述					
	√		√	2	借款管理风险	YX-01-03-KC01	借款真实性、合理性控制		各处室负责人接收借款申请单后，依据借款管理规定和业务实际需要进行审核，重点关注借款事由的真实性、合理性、是否为预算内事项及是否符合预算额度、借款金额的合规性、借款日期、预计报销或还款日期、款项支付方式、款项支付时间等同等内容，签字确认，之后将借款申请单通过文本形式提交分管领导	借款申请单	手工控制	/	不定期	《"一基地一中心"员工报销手册》

4. 工程施工管理流程

（1）流程图。

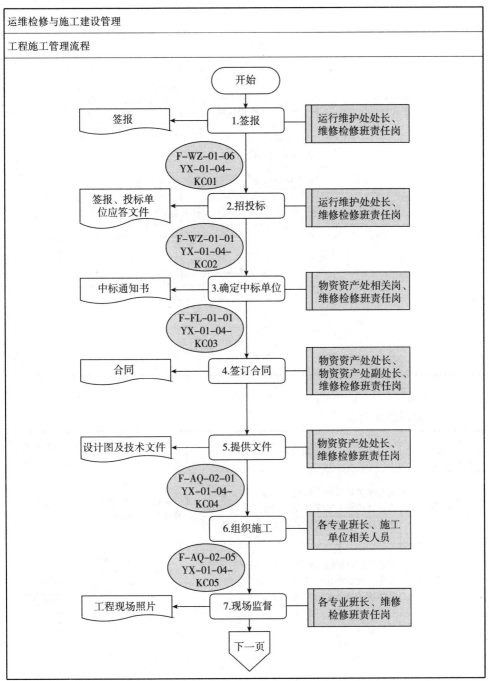

运维检修与施工建设管理
工程施工管理流程

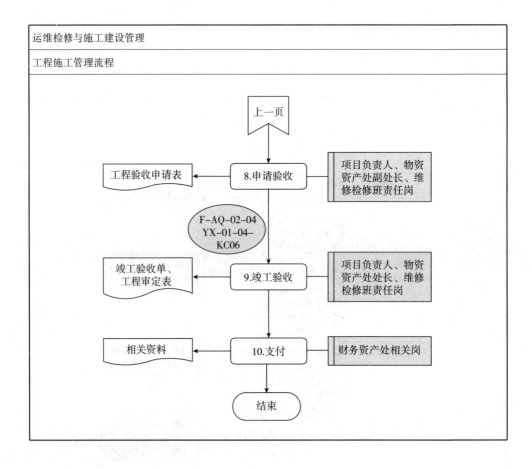

（2）流程信息表。

步骤序号	流程步骤	步骤说明	涉及层级	岗位名称	流转资料（评价证据）
1	签报	运行维护处编写工程施工需求签报。运行维护处负责人签字签发，处室分管领导签字审核后，总经理签字审批，完成签报	"一基地一中心"	运行维护处处长、维修检修班责任岗	签报
2	招投标	物资资产处根据运行维护处提交审批后的签报、投标单位应答文件实施招标程序。具体程序参见采购管理流程	"一基地一中心"	运行维护处处长、维修检修班责任岗	签报、投标单位应答文件

续表

步骤序号	流程步骤	步骤说明	涉及层级	岗位名称	流转资料（评价证据）
3	确定中标单位	根据评标结果确定中标单位，发布中标通知书，通知中标单位签订合同	"一基地一中心"	物资资产处相关岗、维修检修班责任岗	中标通知书
4	签订合同	运行维护处负责与中标单位签订工程合同，合同主要内容包括合同编号、工程名称、发包方（甲方）、承包方（乙方）、签订日期、工程概况、工程质量、开工日期、竣工日期、工程价款、材料设备供应、双方权利义务、工程验收、违约责任、质保年限、质保金、保修等。双方签字盖章后合同生效。签订合同具体程序参见合同管理流程	"一基地一中心"	物资资产处处长、物资资产处副处长、维修检修班责任岗	合同
5	提供文件	运行维护处开工前几日向乙方提供满足施工需要的设计图及技术文件	"一基地一中心"	物资资产处处长、维修检修班责任岗	设计图及技术文件
6	组织施工	施工单位按合同约定日期进驻施工地点，组织落实施工进度计划，遵守有关主管部门对施工场地交通、施工噪声、环境保护和安全生产等管理规定，进行安全施工	"一基地一中心"	各专业班长、施工单位相关人员	—
7	现场监督	运行维护处在施工过程中对工程质量、施工进度进行监督，并留存工程现场照片。工程质量主要对工序质量的控制（地基、基础、主体、防水保温、装饰材料等相关控制点进行控制）。检查施工进度是否与合同规定工期相匹配	"一基地一中心"	各专业班长、维修检修班责任岗	工程现场照片
8	申请验收	工程结束后施工单位需填写工程验收申请表，内容包括工程名称、编号、项目名称、项目地点、建设单位、施工单位、施工面积、工程内容、工期要求、验收范围、工程资料情况、项目自检情况及结果。填写完整后施工单位盖章，项目经理签字后提交运行维护处。运行维护处同意验收后填写审查意见，盖章并签字	"一基地一中心"	项目负责人、物资资产处副处长、维修检修班责任岗	工程验收申请表

步骤序号	流程步骤	步骤说明	涉及层级	岗位名称	流转资料（评价证据）
9	竣工验收	工程具备竣工验收条件的，施工单位应按国家竣工验收的有关规定提供竣工验收相关资料，填写竣工验收单，内容包括验收时间、工程名称、工程地点、竣工验收意见。填写工程审定表，内容包括工程名称、工作单位、项目名称，送审金额、核定金额。双方无疑义后在竣工验收单和工程审定表上签字盖章，完成验收	"一基地一中心"	项目负责人、物资资产处处长、维修检修班责任岗	竣工验收单、工程审定表
10	支付	按合同规定履行工程价款的支付手续。具体程序参见财务付款流程	"一基地一中心"	财务资产处相关岗	相关资料

（3）控制矩阵。

控制目标				步骤编号	风险点名称	控制点编号	评价标准		控制证据	控制方式	涉及系统	控制频率	制度索引
资产安全	经营目标	报告目标	合法合规				控制点名称	控制点描述					
√	√		√	2	招投标管理风险	YX-01-04-KC01	招投标程序合规化控制	在实施各类招投标过程中，相关利害关系人应当回避，以确保招投标过程的公平、公正；检查是否存在人为干预中标单位的行为；检查工程发包、物资采购中是否存在腐败和商业贿赂行为	投标单位应答文件	手工控制	/	不定期	
√	√		√	3	供应商管理风险	YX-01-04-KC02	供应商资质合格性控制	在实施各类招投标过程中，各处室相关审核人应当检查应答人营业执照、企业信用证明、资质证书等文件，核查文件是否真实、营业范围和资质是否符合要求	施工单位应答文件	手工控制	/	不定期	"一基地一中心"物资管理规章制度汇编（试行）
√	√		√	4	合同审核与签署风险	YX-01-04-KC03	合同法律合规性控制	物资资产处、财务资产处、综合管理处按照规定审必审，确保合同文本依法合规，审核包括合同内容是否完备、严密、准确，合同条款是否符合法律法规的要求；合同签署等相关程序是否符合合同管理规定；审核与其他相关业务合同事项	合同	手工控制	/	不定期	《"一基地一中心"合同管理办法》《"一基地一中心"合同审核管理细则》

续表

控制目标				步骤编号	风险点名称	控制点编号	评价标准		控制证据	控制方式	涉及系统	控制频率	制度索引
资产安全	经营目标	报告目标	合法合规				控制点名称	控制点描述					
	√		√	6	施工过程安全风险	YX-01-04-KC04	施工安全性控制	运行维护处审核施工方案的合理性，监督施工单位施工过程，及时排查施工现场安全隐患，做好监理日志登记和突发事件应处置。保障施工现场安全，确保不发生人身安全事故	施工过程材料	手工控制	/	不定期	《"一基地一中心"合同管理办法》《北京市建设工程施工现场管理办法》
	√		√	7	工程质量与进度风险	YX-01-04-KC05	工程质量、进度控制	运行维护处在施工过程中对工程质量、施工进度进行监督，并留存工程现场照片。工程质量主要对工序质量的控制（地基、基础、主体、防水保温、装饰材料等相关控制点进行控制）。检查施工进度是否与合同规定工期相匹配	工程现场照片 施工方案	手工控制	/	不定期	
	√		√	9	竣工验收风险	YX-01-04-KC06	竣工验收合规性控制	工程具备竣工验收条件的，施工单位按竣工验收的有关规定提供竣工验收相关资料，填写工程竣工单。工作单位、工作内容、工程地点、竣工验收时间，工程竣工验收意见，竣工验收单填写工程审定表，内容包括工程名称、项目名称、送审金额、核定金额。双方审核无误后在竣工验收单和工程审定表上签字盖章，完成竣工验收	竣工验收单 工程审定表	手工控制	/	不定期	《建设工程质量管理条例》

第二部分　应急预案

第十二章　总体预案

一、总则

（一）编制目的

为预防和减少"一基地一中心"突发事件的发生，控制、减轻和尽量消除突发事件导致的严重危害，规范突发事件应对活动，全面促进"一基地一中心"健全突发事件应急管理体制，提高应急处置能力，特制定《"一基地一中心"突发事件处置应急预案》。

（二）编制依据

本预案依据以下法律法规、标准制度及相关文件，结合"一基地一中心"实际制定。

《中华人民共和国安全生产法》

《中华人民共和国突发事件应对法》

《国家突发公共事件总体应急预案》和其他部委相关应急预案

《安全生产事故报告和调查处理条例》

《国务院有关处室和单位制定和修订突发公共事件应急预案框架指南》

《旅游突发公共事件应急预案》

《中国旅游饭店行业规范》

《生产经营单位安全生产事故应急预案编制导则》

《国家电网公司应急管理工作规定》

（三）适用范围

本预案指导"一基地一中心"各类突发事件的应对和处置。

本预案指导"一基地一中心"各处室突发事件应急预案的编制。

（四）工作原则

1. 以人为本，减少危害

在做好企业自身突发事件应对处置的同时，切实履行社会责任，把保障人民群众和员工的生命财产安全作为首要任务，最大限度减少突发事件及其造成的人员伤亡和各类危害。

2. 居安思危、预防为主

坚持"安全第一、预防为主、综合治理"的方针，树立常备不懈的观念，增强忧患意识，防患于未然，预防与应急相结合，做好应对突发事件的各项准备工作。

3. 统一领导、分级负责

落实上级部署，在"一基地一中心"的统一领导下，按照综合协调、分类管理、分级负责、处室为主的要求，开展突发事件预防和处置工作。

4. 快速反应、协同应对

充分发挥"一基地一中心"协调职能，建立健全"上下联动、处室负责"快速响应机制，加强与上级单位和地方政府的沟通协作，整合内外部应急资源，协同开展突发事件处置工作。

5. 依靠科技，提高素质

加强突发事件预防和处置科学技术研究和开发，采用先进的监测预警和应急处置技术。充分发挥专业人员的作用，加强宣传和培训，提高员工自救、互救和应对突发事件的综合素质。

（五）预案体系

"一基地一中心"突发事件应急预案体系分为总体预案、专项预案、现场处置方案设置。根据需要设现场处置方案；各处室设专项预案、现场处置方案。

二、风险分析

（一）概况

"一基地一中心"位于昌平蟒山脚下，占地面积 62.5 亩，拥有 20 幢独立公寓，一幢三层餐饮会议楼、三幢综合楼。有员工 140 人左右，并为员工提供住宿和餐饮。

（二）危险源与风险分析

1. 人员

人员相对密集，因"一基地一中心"为评标、培训基地，所以具有人员密集、流动性大的特点，特别是大规模评标会议接待期间，住店客人骤增，人员密集，一旦发生安全事故容易导致人员拥挤，产生安全事故。

2. 设备

"一基地一中心"配有配电室，燃气房、电梯、电脑机房、中控室等重点部位，若一旦停电、设备发生故障，导致设备停机等事故，有可能危害客人人身安全，若重点部位发生火灾及爆炸事故将会使设备损坏，营运瘫痪，人员伤亡，造成巨大的经济损失及不良的社会影响。

3. 设施

"一基地一中心"客房、餐饮、健身、会议等配套设施齐全，若由于客人和员工的一些不安全行为和设备设施的不安全状态，容易发生安全事故。

（三）突发事件的分类

突发事件是指突然发生，造成或者可能造成严重危害，需要采取应急处置措施予以应对的自然灾害、事故灾难、公共卫生事件和社会安全事件。

1. 自然灾害

自然灾害主要包括水旱灾害，气象灾害，地震灾害，地质灾害，海洋灾害，生物灾害和森林草原火灾等。

2. 事故灾难

事故灾难主要包括安全事故，交通运输事故，设施和设备事故，环境污染和生态破坏事件等。

3. 公共卫生事件

公共卫生事件主要包括传染病疫情，群体性不明原因疾病，食品安全和职业危害，动物疫情，以及其他严重影响公众健康和生命安全的事件。

4. 社会安全事件

社会安全事件主要包括恐怖袭击事件，民族宗教事件，经济安全事件，网络信息安全事件，涉外突发事件和群体性事件等。

各类突发事件往往是相互交叉和关联的，某类突发事件可能和其他类别的事件同时发生，或引发次生、衍生事件，应当具体分析，统筹应对。

（四）突发事件的分级

根据突发事件的性质、危害程度、影响范围等因素，突发事件分为特别重大（Ⅰ级）、重大（Ⅱ级）、较大（Ⅲ级）、一般（Ⅳ级）四级。

三、应急响应

（一）响应程序

"一基地一中心"各处室一旦发生突发事件或收到各级政府、上级单位相关处室事件信息通报，根据预警期事态发展趋势，应立即组织分析研判，及时向"一基地一中心"应急指挥部领导报告，并提出应急响应建议。

根据突发事件类型和级别，发生重大及以上突发事件，应急指挥部领导小组研究成立专项处置领导小组及其办公室，启动应急响应，领导处置工作；或授权相关处室或单位进行突发事件处置工作。

较大及以下突发事件，由事件发生处室负责处置，"一基地一中心"安全环境处跟踪事态发展，做好相关协调工作。

（二）先期处置

突发事件发生后，事发处室在做好信息报告的同时，要立即组织本处室员工营救受害人员，疏散、撤离、安置受到威胁的人员；控制危险源，标明危险区域，封锁危险场所，采取其他防止危害扩大的必要措施，同时向应急指挥部领导及有关处室报告。

（三）分级响应

按照所发生突发事件的级别，启动相应等级应急响应。"一基地一中心"各处室按照各自职责，根据以下原则开展处置工作。

1. 发生一般（Ⅳ级）和较大（Ⅲ级）突发事件

"一基地一中心"按照预案开展应急处置，并将事件及处置情况及时报告"一基地一中心"领导、安全环境处和其他相关处室。

2. 发生重大（Ⅱ级）和特别重大（Ⅰ级）突发事件

"一基地一中心"先开展先期处置，并及时向上级单位报告。上级单位接报后按照相关预案，启动相应应急响应。

（四）应急救援

发生突发事件时，"一基地一中心"应急指挥部领导根据情况需要，请求上级单位和地方政府启动社会应急机制，组织应急救援小组开展应急救援与处置工作。

（五）应急结束

突发事件得到有效控制，危害消除后，"一基地一中心"领导下达解除应急指令，宣布应急结束。

四、后期处置

（一）恢复生产

突发事件应急处置工作结束后，"一基地一中心"按照"统筹安排、分级负责、科学规划、快速恢复"的原则，对善后处理、恢复生产经营工作进行规划和部署，逐级制订详细可行的工作计划，快速、有效地消除突发事件造成的不利影响，尽快恢复正常生产经营秩序。

（二）调查与评估

对特别重大、重大以及影响范围较大的突发事件，由"一基地一中心"相关处室负责组织对事件的起因、性质、影响、经验教训和恢复生产等问题进行调查评估，提出防范和改进措施。

在事件处置过程中，事发处室和参与事件处置的相关处室要及时收集各类数据，开展事件处置过程分析和评估。事件结束后，要及时对应急处置工作进行总结和评估，提出加强和改进同类事件应急工作的建议和意见。

五、信息报告与发布

（一）信息报告

1. 报告流程

预警阶段，"一基地一中心"办公室向应急指挥部报告；响应阶段，"一基地一中心"应急指挥部向应急领导小组办公室报告。

2. 报告内容

（1）预警阶段。包括突发事件发生的时间、地点、性质、影响范围、趋势预测和已采取的措施等。

（2）响应阶段。包括突发事件发生的时间、地点、性质、影响范围、严重程度、已采取的措施等，并根据事态发展和处置情况及时续报动态信息。

3. 报告要求

（1）向上级单位和当地人民政府及相关部门汇报信息，做到数据唯一、准确、及时。

（2）预警期和Ⅱ级事件响应阶段执行每天一次定时报告制度。

（3）Ⅰ级事件响应阶段执行每天两次定时报告制度。

（4）根据"一基地一中心"临时要求，完成相关信息报送。

（二）信息发布

"一基地一中心"应急指挥领导小组组织较大（Ⅲ级）和一般（Ⅳ级）突发

事件对外信息发布工作。"一基地一中心"不得对特别重大（Ⅰ级）和重大（Ⅱ级）突发事件进行对外信息的发布工作。

对外发布信息主要包括突发事件的基本情况、采取的应急措施、存在的困难以及下一步工作打算等。

突发事件的信息发布工作要做到及时主动、正确引导、严格把关。

第十三章　自然灾害类应急预案

一、气象灾害处置应急预案

（一）总则

1. 适用范围

本预案适用于"一基地一中心"应对和处置因台风、暴雨（雪）、洪水、寒潮、大风（沙尘暴）、雷电、冰雹、冰冻、大雾等严重气象灾害引起的设施设备较大范围损坏或重要设施设备损坏事件。

2. 应急处置基本原则

（1）以人为本，减少危害。把保障员工和客人的生命财产安全作为首要任务，全面加强应对气象灾害的体系建设，最大限度减少气象灾害对客人生命财产、社会经济带来的危害和损失。

（2）居安思危，预防为主。贯彻预防为主的思想，树立常备不懈的观念，防患于未然。增强忧患意识，坚持预防与应急并重，常态与非常态相结合，提高气象灾害监测预警能力和防御标准，加强宣传和培训教育，做好应对气象灾害事件的各项准备工作。

（3）统一领导，分级负责。落实党中央、国务院的部署，在国家电网有限公司和上级单位的统一领导下，按照综合协调、分类管理、分级负责、属地为主的要求，开展气象灾害事件预防和处置工作。

（4）考虑全局，突出重点。采取必要手段保证设备和人员安全，确保"一基地一中心"客人和员工的生命财产安全。

（5）快速响应，协同应对。充分发挥"一基地一中心"优势，建立健全

"上下联动、区域协作"快速响应机制，加强与政府的沟通协作，整合内外部应急资源，协同开展气象灾害事件处置工作。

（6）依靠科技，提高素质。加强气象灾害事件预防和处置科学技术研究和开发，采用先进的监测预警和应急处置技术。充分发挥"一基地一中心"专业人员的作用，提高应对气象灾害事件的能力。

（7）统一指挥，支援协作。在"一基地一中心"统一指挥、协调下，分层分区，做到分工明确、责任落实。发挥"一基地一中心"的优势，视灾情动员全部力量，支援协作，密切配合，开展抗灾救灾、应急救援、抢修恢复等各项应急工作。

（8）信息畅通及时准确。采取多种方式，保证信息通道畅通；确保指挥、灾情、设备状态、抢修队伍、物资资源等信息及时、准确、可靠地上传下达；信息报送和对外发布必须统一归口，数据唯一。

（二）事件类型和危害程度分析

1. 危险源分析

"一基地一中心"地处蟒山脚下，所处自然条件恶劣天气类型较多，洪水、暴雨、雨雪冰冻等气象灾害曾有发生，一旦发生将对设备乃至人员的安全造成严重威胁。

2. 危害程度分析

严重洪水、雨雪冰冻等气象灾害除造成设施设备大范围损毁外，将对"一基地一中心"基础设施造成巨大影响，导致"一基地一中心"应急救援工作的开展应综合考虑到以上因素。

（三）事件分级

根据灾害损失程度、发生性质、可能导致紧急情况等，将灾害事件分为四级：Ⅰ级（特别重大）、Ⅱ级（重大）、Ⅲ级（较大）、Ⅳ级（一般），Ⅰ级为最高级别。

1. Ⅰ级

当"一基地一中心"区域发生重大及以上气象灾害时，国家确定为特别重大气象灾害的事件；"一基地一中心"领导小组视灾害危害程度、灾区救灾能力和社会影响等综合因素，研究决定进入气象灾害Ⅰ级事件状态的。

2. Ⅱ级

当"一基地一中心"区域发生重大及以上气象灾害时，"一基地一中心"应急领导小组视灾害危害程度、灾区救灾能力和社会影响等综合因素，研究决定进入气象灾害Ⅱ级事件状态的。

3. Ⅲ级

当"一基地一中心"区域发生一般气象灾害时，因气象影响，造成损失，符合确定为Ⅲ级事件。

4. Ⅳ级

当"一基地一中心"区域发生较轻气象灾害时，对设备造成一定的压力；因气象影响，造成损失，确定为Ⅳ级事件。

（四）预防与预警

各处室要按照气象灾害的种类进行风险评估，划定洪水、台风、雨雪冰冻等灾害风险区域，促进防灾抗灾的预警。

1. 风险监测

"一基地一中心"各处室应加强与政府气象灾害管理处室和气象处室的沟通联络，了解汛情、台风、雨雪冰冻等气象灾害活动趋势，及时收集相关信息，制订应对方案。各处室应设立应急管理专责人。

遇到重大气象灾害时，各处室要及时向"一基地一中心"应急办公室报告。

2. 预警分级

根据气象灾害的发生性质、可能造成的危害和影响范围，灾害预警级别与国家气象处室发布的预警分级一致，分为四级。Ⅰ级（特别严重）、Ⅱ级（严重）依次用红色、橙色表示，气象灾害预警分级如下：

（1）Ⅰ级（红色预警）出现下列情况之一，为一级预警：

国家气象、防汛抗旱指挥部等相关应急管理处室发布气象灾害一级预警；"一基地一中心"应急领导小组视气象灾害预警情况、可能危害程度、救灾能力和社会影响等综合因素，研究发布一级预警。红色预警信号由"一基地一中心"气象灾害应急办公室负责组织发布，并报上级单位应急办公室备案。

（2）Ⅱ级（橙色预警）出现下列情况之一，为二级预警：

国家气象、防汛抗旱指挥部等相关应急管理处室发布气象灾害二级预警；"一基地一中心"应急领导小组视气象灾害预警情况、可能危害程度、救灾能力和社会影响等综合因素，研究发布二级预警。橙色预警信号由"一基地一中心"气象灾害应急办公室负责组织发布，并报上级单位应急办公室备案。

（3）Ⅲ级（黄色预警）出现下列情况之一，为三级预警：

国家气象、防汛抗旱指挥部等相关应急管理处室发布气象灾害三级预警；"一基地一中心"应急领导小组视气象灾害预警情况、可能危害程度、救灾能力和社会影响等综合因素，研究发布三级预警。黄色预警信号由事发处室的气象灾害应急小组负责组织发布，并报"一基地一中心"应急办公室备案。

（4）Ⅳ级（蓝色预警）出现下列情况之一，为四级预警：

国家气象、防汛抗旱指挥部等相关应急管理处室发布气象灾害四级预警；"一基地一中心"应急领导小组视气象灾害预警情况、可能危害程度、救灾能力和社会影响等综合因素，研究发布四级预警。蓝色预警信号由事发处室的气象灾害应急小组负责组织发布，并报"一基地一中心"应急办公室备案。

3. 预警发布

"一基地一中心"应急办公室接到台风灾害预警信息后，立即汇总相关信息，分析研判，提出"一基地一中心"台风灾害预警建议，经"一基地一中心"气象应急领导小组批准后向上级单位相关处室汇报并发布。

气象灾害预警信息内容包括气象灾害的类别、预警级别、起始时间、可能影响范围、警示事项、应采取的措施和发布机关等。

4. 预警行动

（1）发布气象灾害Ⅰ、Ⅱ级预警信息后，应开展以下工作：

1）"一基地一中心"应急办公室。

①应急办公室密切关注事态发展，收集相关信息，及时向"一基地一中心"应急领导小组报告。

②做好成立气象灾害应急领导小组及办公室的准备工作。

③有关处室根据职责分工协调组织应急队伍、应急物资、应急电源、交通运输等准备工作，做好异常情况处置和应急新闻发布准备。

2）各处室。

①按本单位预案规定，加强设备巡查和监测，迅速组织落实各项确保人身、设施安全措施。

②启动应急值班，及时收集相关信息并报告单位应急办公室，做好应急新闻发布准备。

③灾害影响地区等有关责任人员应立即上岗到位，组织力量深入分析、评估可能造成的影响和危害，尤其是对本处室风险隐患的影响情况，有针对性地提出预防和控制措施，落实抢险队伍和物资，全面转入救灾准备工作。

（2）发布气象灾害Ⅲ、Ⅳ级预警信息后，应开展以下工作：

1）"一基地一中心"应急办公室密切关注事态发展，收集相关信息，及时向上级单位应急领导小组报告。

2）各处室：

①做好成立气象灾害应急领导小组及办公室的准备工作；启动应急值班，及时收集相关信息并报告单位应急办公室，做好应急新闻发布准备；

②做好异常情况处置和应急新闻发布准备。

③要求预警地区所属处室启动相关预案，全面转入救灾准备工作。

5. 预警调整

"一基地一中心"应急办或有关职能处室可以根据预警阶段气象发展趋势，提出对预警级别调整的建议，报"一基地一中心"应急领导小组批准后发布。

6. 预警结束

政府发布预警结束通知或经过预警行动后，事态发展已经得到控制且不满足预警条件；或根据气象发展态势，有关情况证明已不可能发生突发事件，危险已经解除，可以结束预警。

"一基地一中心"应急办或有关职能处室根据收集的相关信息，报请"一基地一中心"应急领导小组批准后解除预警，终止已采取的有关措施。

（五）应急响应

1. 响应分级

按气象灾害造成的事件严重程度、影响范围和企业控制事态的能力，按照"分级响应、分层负责"的原则，将气象灾害应急响应分为两级：

（1）Ⅰ级响应：应对Ⅰ级、Ⅱ级事件，"一基地一中心"启动Ⅰ级响应，统一领导抗灾救灾、应急救援、抢修恢复工作。

（2）Ⅱ级响应：应对Ⅲ级、Ⅳ级事件，"一基地一中心"启动Ⅱ级响应，授权各处室领导应急处置和指挥工作。

2. 响应程序

（1）Ⅰ级应急响应。

1）启动条件。所辖范围内发生Ⅰ级、Ⅱ级事件时，启动Ⅰ级应急响应。

2）响应启动。启动气象灾害事件响应后，应立即向应急办公室报告；应急办公室接到事件响应上报或政府处室宣布发生重大及以上台风灾害后，立即收集汇总相关信息，分析研判，报应急领导小组，并向上级主管处室汇报；应急领导小组研究决定成立气象灾害应急领导小组及办公室；气象灾害应急领导小组确定事件响应等级，宣布启动气象灾害Ⅰ级应急响应。

3）响应行动。

①应急领导小组召开应急会议，迅速成立气象灾害应急领导小组，确定并派出前线指挥人员。启用应急指挥"一基地一中心"，统一领导救灾、应急救援、抢修恢复工作；组建前线应急指挥部，监督、指导应急处置工作。

②气象灾害专项应急领导小组办公室启动应急值班，开展信息汇总和报送工作，及时向气象应急领导小组汇报，协助开展新闻发布工作。

③各相关处室按照本处室的应急工作职责开展相应应急行动。

④由气象灾害应急领导办公室按"信息报告"的要求收集、汇总并向政府有关部门及物资公司报送应急工作信息报告。

（2）Ⅱ级应急响应。

1）启动条件。所辖范围内发生Ⅲ级、Ⅳ级事件时，启动Ⅱ级应急响应。

2）响应启动。各处室启动本处室气象灾害事件响应后，应立即向应急办公室报告；应急办公室接到处室事件响应上报或政府部门宣布发生重大气象灾害后，立即收集汇总相关信息，分析研判，报应急领导小组，并向上级主管部门汇报；应急领导小组研究决定事件响应等级，宣布启动台风灾害Ⅱ级应急响应。

3）响应行动。

①由应急领导小组授权各处室领导应急指挥工作。

②应急办公室启动应急值班，负责信息汇总和报送工作，及时向应急领导小组汇报，协助开展新闻发布。

③相关处室按照本处室的应急工作职责开展相应应急行动。

④由应急领导办公室按"信息报告"的要求收集、汇总并向上级单位、政府有关部门报送应急工作信息报告。

3. 应急处置

（1）先期处置 。

1）召开会议或发出指令，责成各处室布置气象灾害前期各项应急准备工作。

2）组织、指挥、调度相关应急力量，迅速控制并消除危险源。

3）主动与政府部门联系沟通，通报信息、完成相关工作。

4）初步收集受损情况，及时汇总并上报。根据需要在安全区域设置办公地点，及时开展抢修工作。

（2）应急处置。

1）Ⅰ、Ⅱ级气象灾害事件发生后，应重点开展以下工作：

①"一基地一中心"各处室按照处置原则和处室职责开展应急处置工作：

a. 组织应急物资供应，动员调集应急抢险队伍，协调应急物资运输畅通。

b. 督促处室做好应急处置工作。

c. 组织开展对外新闻发布工作。

d. 组织开展应急通信保障工作。

e. 组织开展医疗卫生后勤保障工作。

f. 必要时请求政府处室支援。

②气象灾害发生处室。

a. 及时调整生产，隔离故障区域。

b. 可靠储存保护各种业务数据。

c. 根据需要在安全区域设置办公地点，及时开展抢修工作。

d. 组织医疗救护、应急抢修和应急供电队伍，配备药品及医疗器械、抢修工器具、特种作业设备、在安全地点待命。

e. 储备必要的食品、饮用水及其他生活用品。

③其他处室。

a. 其他处室迅速开展受灾排查工作。将灾情预警信息、隐患排查情况进行收集、汇总、上报。

b. 其他处室充分做好参与抢修的物资、车辆、备品备件、抢修队伍、资金等各方面的准备，随时待命，听从应急领导小组的统一调配。

2）Ⅲ、Ⅳ级气象灾害事件发生后，应重点开展以下工作：

①气象灾害专项应急领导小组启动Ⅲ、Ⅳ级响应，授权处室领导Ⅲ、Ⅳ级气象灾害事件应急指挥和处置工作。

②启动应急值班，负责信息汇总和报送工作，及时向气象应急领导小组汇报，协助开展新闻发布。

③职能处室按分工监督检查、协调指导救灾、应急救援、抢修恢复和新闻发布工作。

④各处室。

a. 成立专项应急领导小组和办公室，统一领导救灾、应急救援、抢修恢复工作；

b. 启用应急指挥中心，开展信息汇总和报送工作，及时向专项应急领导小组汇报。

4. 应急调整

应急工作领导小组视灾情发展、灾情危害程度、灾区救灾能力和社会影响等综合因素，研究决定是否调整事件响应级别，并根据调整后的相应级别启动相应的应急处置方案。

5. 应急结束

当同时满足以下条件时，由"一基地一中心"气象灾害应急领导小组决定终止事件响应，并由气象灾害应急领导小组组长发布终止命令。

（1）气象灾害警报已解除；

（2）生产基本恢复。

二、地震地质等灾害处置应急预案

（一）总则

1. 适用范围

本预案适用于"一基地一中心"应对和处置因地震灾害造成的设施、设备较大范围损坏事件。

2. 应急处置基本原则

（1）以人为本、减少危害。把保障员工和客人的生命财产安全作为首要任务，最大限度减少突发事件及其造成的人员伤亡和各类危害。

（2）常备不懈、预防为主。贯彻预防为主的思想，树立常备不懈的观念，防患于未然。增强忧患意识，坚持预防与应急并重，常态与非常态相结合，做好应对突发事件的各项准备工作。

（3）统一领导、分级负责。落实上级单位的部署，在"一基地一中心"的统一领导下，按照综合协调、分类管理、分级负责、属地为主的要求，开展突发事件预防和处置工作。

（4）兼顾全局、突出重点。采取必要手段保证"一基地一中心"安全；通过灵活方式重点保障"一基地一中心"经营秩序和生活秩序。

（5）快速反应、团结协作。充分发挥联动优势，建立健全"上下联动、互相协作"快速响应机制，加强与政府的沟通协作，整合内外部应急资源，协同开展突发事件处置工作。

（二）事件类型和危害程度分析

1. 危险源分析

"一基地一中心"地处蟒山脚下，遇有震级较高的地震，易发生地质灾害。

2. 危害程度分析

重大及以上地震灾害除造成设施设备大范围损毁和大面积停电外，还会造成重大人员伤亡和财产损失，对关系到"一基地一中心"基础设施造成巨大破坏，导致交通、通信瘫痪，水、电、气等供应中断，抗灾救灾、应急救援、抢修恢复工作的开展应综合考虑以上因素。

（三）事件分级

根据地震灾害造成的损失严重程度、影响范围、可能导致紧急情况等，将地震灾害事件分为四级：Ⅰ级（特别重大）、Ⅱ级（重大）、Ⅲ级（较大）、Ⅳ级（一般），Ⅰ级为最高级别。

1. Ⅰ级事件

满足下列情况之一，为地震灾害Ⅰ级事件：

（1）特别重大地震灾害。

（2）由地震灾害造成设施、设备较大范围损坏导致大面积停电，达到国家电网有限公司确定为Ⅰ级事件的。

（3）地震等灾害造成设施设备大范围损毁，直接经济损失1亿元以上。

（4）"一基地一中心"应急领导机构视地震灾害危害程度、灾区救灾能力和社会影响等综合因素，研究确定为地震灾害Ⅰ级事件的。

2. Ⅱ级事件

满足下列情况之一，为地震灾害Ⅱ级事件：

（1）重大地震灾害。

（2）由地震灾害造成设施、设备较大范围损坏的Ⅱ级事件的。

（3）地震灾害造成设施设备大范围损毁，直接经济损失在5000万元以上1亿元以下。

（4）"一基地一中心"应急领导机构视地震灾害危害程度、灾区救灾能力和社会影响等综合因素，研究确定为地震灾害Ⅱ级事件的。

3. Ⅲ级事件

满足下列情况之一，为地震灾害Ⅲ级事件：

（1）较大地震灾害。

（2）由地震灾害造成设施、设备较大范围损坏导致达到国家电网有限公司确定为Ⅲ级事件的。

（3）地震灾害造成设施设备大范围损毁，直接经济损失在1000万元以上5000万元以下。

（4）应急领导机构视地震灾害危害程度、灾区救灾能力和社会影响等综合因素，研究确定为地震灾害Ⅲ级事件的。

4. Ⅳ级事件

满足下列情况之一，为地震灾害Ⅳ级事件：

（1）国家电网有限公司确定为一般地震灾害的。

（2）由地震灾害造成设施、设备较大范围损坏导致达到国家电网有限公司确定为Ⅳ级事件的。

（3）地震灾害造成设施设备大范围损毁，直接经济损失在1000万元以下。

（4）应急领导机构视地震灾害危害程度、灾区救灾能力和社会影响等综合因素，研究确定为地震灾害Ⅳ级事件的。

（四）预防与预警

1. 风险监测

各处室及应急办公室应密切监测地震灾害风险。风险监测的方法和信息收集包括以下渠道：

（1）"一基地一中心"在地震灾害多发期，应密切注意政府相关部门发布的地震灾害预报，加强对所属设施设备的巡查，掌握灾情，及时上报"一基地一中心"应急办公室。

（2）处室要利用各种防灾减灾信息，对出现的地震灾害做到早获得风险数据，及时上报"一基地一中心"应急办公室。

（3）"一基地一中心"与政府有关处室建立相应的地震及次生、衍生灾害监测预报预警联动机制，实现相关灾情、险情等信息的实时共享。

各处室发现、获得重大地震灾害风险隐患后，应及时分别向"一基地一中心"应急办公室上报。

2. 预警分级

根据地震灾害的级别以及灾害对设施设备可能造成的损坏程度，将地震灾害预警状态分为四级：Ⅰ、Ⅱ、Ⅲ和Ⅳ级，依次用红色、橙色、黄色和蓝色表示，Ⅰ级为最高级别。

（1）下列情况之一，"一基地一中心"进入地震灾害Ⅰ级预警状态：

1）上级单位发布地震灾害红色预警，预警涉及"一基地一中心"。

2）地方政府发布地震灾害红色预警。

3）"一基地一中心"应急领导机构视地震灾害危害程度、灾区救灾能力和社会影响等综合因素，研究确定为地震灾害Ⅰ级预警状态的。

（2）下列情况之一，"一基地一中心"进入地震灾害Ⅱ级预警状态：

1）上级单位发布地震灾害橙色预警，预警涉及"一基地一中心"。

2）地方政府发布地震灾害橙色预警。

3）"一基地一中心"应急领导机构视地震灾害危害程度、灾区救灾能力和社会影响等综合因素，研究确定为地震灾害Ⅱ级预警状态的。

（3）下列情况之一，"一基地一中心"进入地震灾害Ⅲ级预警状态：

1）上级单位发布地震灾害黄色预警，预警涉及"一基地一中心"。

2）地方政府发布地震灾害黄色预警。

3）"一基地一中心"应急领导机构视地震灾害危害程度、灾区救灾能力和社会影响等综合因素，研究确定为地震灾害Ⅲ级预警状态的。

（4）下列情况之一，"一基地一中心"进入地震灾害Ⅳ级预警状态：

1）上级单位发布地震灾害蓝色预警，预警涉及"一基地一中心"。

2）地方政府发布地震灾害蓝色预警。

3）"一基地一中心"应急领导机构视地震灾害危害程度、灾区救灾能力和社会影响等综合因素，研究确定为地震灾害Ⅳ级预警状态的。

3. 预警发布

"一基地一中心"应急办公室接到各处室上报地震灾害预警信息以及上级单位的预警通知后，立即汇总相关信息，分析研判，提出"一基地一中心"地震灾害预警建议，经"一基地一中心"应急领导机构批准后发布。

地震灾害预警信息内容包括地震灾害的类别、预警级别、预警期、可能影响范围、警示事项、应采取的措施和发布机关等。

根据地震灾害可能影响范围、严重程度、紧迫性，预警信息可通过传真和办公系统等方式及时发布。

按照有关规定，"一基地一中心"应急办公室向上级主管部门报送地震灾害预警发布情况。

4. 预警响应

（1）Ⅰ级、Ⅱ级预警响应。发布地震灾害Ⅰ级、Ⅱ级预警信息后，应采取以下一项或多项措施：

1）"一基地一中心"。

①应急办公室密切关注事态发展，收集相关信息，及时向上级单位应急领导机构报告。

②做好成立地震灾害处置领导小组及办公室的准备工作。

③有关处室根据职责分工协调组织应急抢修和医疗救护队伍、应急物资、应急电源、交通运输等准备工作，做好异常情况处置和应急新闻发布准备。

2）各部处室。

①做好成立地震灾害处置小组的准备工作。

②启动应急值班，及时收集相关信息并报告"一基地一中心"应急办公室。

③按本处室预案规定，加强设施设备巡视、监测和值班；针对可能发生的灾害对重要设施、场所进行检查。

④统筹调配应急队伍就位、调拨应急物资，做好异常情况处置准备工作。

（2）Ⅲ级、Ⅳ级预警响应。发布地震灾害Ⅲ级、Ⅳ级预警信息后，应开展以下一项或多项工作：

1）"一基地一中心"。

①应急办公室密切关注事态发展，收集相关信息，及时向上级单位应急领导

机构报告。

②"一基地一中心"有关处室根据职责分工督促各处室做好组织应急抢修和应急物资、交通运输等准备工作，做好异常情况处置和应急新闻发布准备。

2）各处室。

①按"一基地一中心"预案规定，加强设施设备巡视、监测和值班；针对可能发生的灾害对重要设施、场所进行检查。

②及时收集和报送设施设备受损、地震等信息，做好应急新闻发布准备。

③做好组织应急队伍、应急物资、应急电源、交通运输的准备工作。

5. 预警结束

根据地震灾害发展态势，应急办公室报请应急领导机构批准后解除预警，终止已经采取的有关措施。

（五）应急响应

1. 先期处置

（1）密切关注事件情况以及各处室先期处置效果，责成各职能处室做好灾害前期各项应急准备工作。

（2）组织、指挥、调度相关应急力量，保证"一基地一中心"安全。

（3）主动与政府部门联系沟通，通报信息、完成相关工作。

（4）初步收集受损情况，及时汇总并上报，组织开展抢修工作。

2. 响应启动

（1）各处室启动本处室地震灾害应急事件响应，应立即向应急办公室报告。

（2）应急办公室接到各处室启动地震灾害应急事件响应上报后，立即汇总相关信息，分析研判，提出对事件的定级建议，报应急领导机构。

（3）地震灾害符合Ⅰ级或Ⅱ级事件标准，"一基地一中心"应急领导机构研究决定成立"一基地一中心"地震灾害处置领导小组及其办公室，并宣布"一基地一中心"的地震灾害事件级别。

（4）地震灾害符合Ⅲ级或Ⅳ级事件标准，"一基地一中心"应急领导机构研究决定，由应急办公室或职能处室监督指导直属单位组织开展应急处置工作。

3. 响应行动

（1）Ⅰ级、Ⅱ级事件响应行动。

1）地震灾害应急处置领导小组全面指挥协调应急处置工作，启用"一基地一中心"应急指挥"一基地一中心"，必要时向事件发生地点派出地震灾害应急救援人员。

2）地震灾害应急处置领导小组办公室启动应急值班，开展信息汇总和报送工作，及时向地震灾害应急处置领导小组汇报，与政府有关处室联系沟通，协助开展信息发布工作。

3）地震灾害应急处置领导小组办公室协调各处室开展应急处置工作，必要时请求政府处室支援。

4）各处室按照处置原则和处室职责开展应急处置工作。

a. 调配应急电源等装备。

b. 组织应急物资供应，动员调集应急抢险队伍，协调应急物资运输畅通。

c. 组织开展对外新闻发布工作。

d. 组织开展应急通信保障工作。

e. 组织开展医疗卫生后勤保障工作。

5）各处室响应行动。成立本处室地震灾害应急工作小组，按照本预案处置原则及本处室预案开展应急救援、抢修恢复和新闻发布工作。

（2）Ⅲ级、Ⅳ级事件响应行动。

1）应急办公室负责信息汇总和报送工作，及时向"一基地一中心"应急领导机构汇报，协助开展信息发布工作。

2）职能处室按职责分工监督检查、协调指导应急救援、抢修恢复和新闻发布工作。

4. 响应调整

应急领导机构视灾情发展、灾情危害程度、灾区救灾能力和社会影响等综合因素及事件分级条件，研究决定是否调整事件响应。

5. 应急响应结束

当同时满足以下条件时，Ⅰ级、Ⅱ级事件响应由"一基地一中心"地震灾害处置领导小组研究决定终止事件响应，Ⅲ级、Ⅳ级事件响应由各处室地震灾害处置小组研究决定终止事件响应，并报"一基地一中心"应急领导机构。

第十四章　事故灾难类应急预案

一、人身伤亡事件处置应急预案

（一）总则

1. 适用范围

本预案适用于人身事故的应急处置工作，属于专项应急预案，适用于"一基地一中心"应急处置各类人身事故。

2. 应急处置基本原则

（1）以人为本。要妥善做好人员救治及伤亡人员善后处理工作，确保事故的安全稳定。

（2）预防为主。坚持"安全第一、预防为主"的方针，加强人身安全工作，突出事故预防和控制措施，有效防止各类人身伤亡事故发生。

（3）统一指挥。在国家电网有限公司上级单位和地方政府相关应急指挥机构的统一指挥和协调下，通过"一基地一中心"应急领导小组，组织开展事故处理、事故抢险、应急救援、维护稳定、恢复生产等各项应急工作。

（4）分工负责。按照统一协调、各负其责的原则建立人身事故应急处理体系。

（二）事件类型和危害程度分析

通过危险源辨识和风险评估，"一基地一中心"存在如下安全风险，可能会导致发生重大及以上人身伤亡事故：触电的安全风险、高空坠落和物体打击的安全风险、交通事故的安全风险、压力容器、管道爆破的安全风险、燃气等发生火灾和爆炸的安全风险、其他可能引发人身伤亡事故的风险。

电力生产是连续生产的高危行业，在工作场所、区域的任何时间，由于人的不安全行为或物的不安全状态，都可能导致重大及以上人身事故发生的安全风险。

（三）事件分级

"一基地一中心"的人身事故分为四级，即Ⅰ级、Ⅱ级、Ⅲ级和Ⅳ级，分级标准如下表所示。在事发初期，失踪人数暂时计入死亡人数之中。

响应分级	已死亡人数 N（人）	重伤人数 M（人）	处置指挥主体
Ⅰ级	N≥10	M≥50	上级单位
Ⅱ级	3≤N≤9	10≤M<50	上级单位
Ⅲ级	1≤N≤2	M<10	"一基地一中心"
Ⅳ级	除前三项等级外，轻伤等人身伤害事故		"一基地一中心"

（四）预防与预警

1. 风险监测

加强与各级政府和上级单位的沟通联络，了解人身事故活动趋势，制定应对方案；定期对重要设施、场所进行检查，制定并实施防范人身事故措施，发现异常及时汇报处理。

2. 预警发布与预警行动

人身事故应急指挥部根据人身事故发展趋势和上级单位预警命令，及时下达应急指令，宣布进入预警状态并按照预案要求采取预警行动。

3. 预警结束

在原发布机关做出撤销的决定后，"一基地一中心"人身事故应急指挥部立即宣布解除预警，并终止已经采取的有关措施。

（五）应急响应

1. 响应分级

按照人身事故的分级，应急响应相应分为Ⅰ、Ⅱ、Ⅲ、Ⅳ级，突发事件发生后，应急响应坚持分级负责、快速反应的原则。人身事故恢复应急响应工作划分为四个等级：

（1）Ⅰ级响应。达到Ⅰ级应急响应标准，启动"一基地一中心"人身事故专项应急预案，进入Ⅰ级应急状态。

1）向上级单位和政府有关部门报告，在上级单位和政府有关部门的领导和指挥下，由"一基地一中心"组织实施。

2）"一基地一中心"应急办公室组建人身事故专项应急指挥机构，负责突发人身伤亡事故的全面应急指挥。

3）"一基地一中心"主要领导会同相关职能处室有关人员到事故现场进行组织抢救。

4）事发处室启动相应预案全力以赴组织救援，并及时向上级单位和政府有关处室报告救援工作进展情况。

（2）Ⅱ级响应。达到Ⅱ级应急响应标准，启动"一基地一中心"人身事故专项应急预案，进入Ⅱ级应急状态。

1）向上级单位和政府有关部门报告，在上级单位和政府有关部门的领导和指挥下，由"一基地一中心"组织实施。

2）应急办公室组建人身事故专项应急指挥机构，负责突发人身伤亡事故的全面应急指挥。

3）"一基地一中心"主管领导会同相关职能处室有关人员到事故现场进行组织抢救。

4）事发处室启动相应预案全力以赴组织救援，并及时向上级单位和政府有关部门报告救援工作进展情况。

（3）Ⅲ级响应。达到Ⅲ级应急响应标准，启动"一基地一中心"人身事故专项应急预案，进入Ⅲ级应急状态。

1）由事发处室进行应急处置，启动相应应急预案。

2）安全环境处负责人会同相关职能处室有关人员到事故现场进行协调、指导。随时掌握事态发展情况。

3）及时向上级单位、政府相关部门报告事故及救援工作进展情况。

（4）Ⅳ级响应。达到Ⅳ级应急响应标准，启动"一基地一中心"人身事故专项应急预案，进入Ⅳ级应急状态。

1）由事发处室进行应急处置，启动相应应急预案。

2）启动相应预案但超出其处置能力的应及时上报上级单位和相关政府部门

启动相应级别应急预案。

3）事发处室负责现场应急救援的指挥，申请救援力量的支援，迅速有效地实施先期处置，救助伤员，保护现场，全力控制事故发展态势，防止次生、衍生和耦合事件发生。

2. 响应程序

（1）发生人身事故时，现场人员应在最短时间了解人员伤亡情况，主要危险点、危险源以及有无事故扩大或再次发生事故的可能。

（2）现场人员立即拨打当地120急救电话，联系医疗处室救治；发生火灾、爆炸事故同时拨打119，联系消防部门救火；发生交通事故同时拨打122，联系交管部门现场调查及疏散交通。

（3）有关处室和人员应当妥善保护事故现场以及相关证据，因抢救人员、防止事故扩大等原因，需要移动事故现场的，应当作出标记，绘制现场简图并作出书面记录。

（4）立即将事故情况（事故性质、事故地点、伤亡情况、联系电话号码、联系人等）报告本处室应急指挥机构。

（5）事故处室应急指挥机构接到报告后，应立即启动本单位的人身事故应急预案，进入事故应急状态，组织抢险人员、物资、器材等赶赴事故现场进行应急处理，全力抢救受伤人员，最大限度地减少人员伤亡。并将事故情况、伤亡人数等报告"一基地一中心"。

3. 应急处置

（1）人身事故应急恢复。发生人身伤亡事件后，上级单位和有关单位要尽快恢复正常生产运行和电力供应。

（2）社会应急。发生人身伤亡事件后，受影响或受波及的各有关处室要按职责分工立即行动，组织开展人身事故应急救援与处置工作。

4. 应急结束

在同时满足下列条件下，应急指挥部决定并宣布解除应急状态。

（1）确认全部事故伤亡人员已得到妥善安置。

（2）事发处室确认事故影响范围已得到有效控制，并提出恢复措施。

（3）事故调查处室和人员确认事故现场取证完毕。

（4）现场处置单位确认现场秩序受控。

二、网络信息系统突发事件处置应急预案

（一）总则

1. 适用范围

本预案适用于"一基地一中心"网络与信息安全突发事件的应对处置工作。

2. 应急处置基本原则

（1）积极防御，综合防范。立足安全防护，加强预警，抓好预防、监控、应急处理、应急保障和打击犯罪等环节，在法律、管理、技术、人才等方面采取多种措施，充分发挥各方面的作用，共同构筑网站网络与信息安全保障体系。

（2）明确责任，分级负责。按照"谁主管谁负责，谁运营谁负责"的原则，建立和完善安全责任制，协调管理机制和联动工作机制。

（3）以人为本，快速反应。把保障公共利益以及公民、法人和其他组织的合法权益的安全作为首要任务，及时采取措施，最大限度地避免公民财产遭受损失。网络与信息安全突发公共事件发生时，要按照快速反应机制，及时获取充分而准确的信息，跟踪研判，果断决策，迅速处置，最大限度地减少危害和影响。

（4）依靠科学，平战结合。加强技术储备，规范应急处置措施与操作流程，实现网络与信息安全突发公共事件应急处置工作的科学化、程序化与规范化。树立常备不懈的观念，定期进行预案演练，确保应急预案切实可行。

（二）预防与预警

1. 信息监测与报告

（1）进一步完善网络与信息安全突发公共事件监测、预测、预警制度。要落实责任制，按照"早发现、早报告、早处置"的原则，加强对各类网络与信息安全突发公共事件和可能引发突发公共事件的有关信息的收集、分析判断和持续监测。当发生网络与信息安全突发公共事件时，按规定及时向应急领导小组报告，初次报告最迟不得超过半小时，重大和特别重大的网络与信息安全突发公共事件实行态势进程报告和日报告制度。报告内容主要包括信息来源、影响范围、事件性质、事件发展趋势和采取的措施等。

（2）建立网络与信息安全报告制度，发现下列情况时应及时向应急领导小组报告：

1）利用网络从事违法犯罪活动的情况。

2）网络或信息系统通信和资源使用异常，网络和信息系统瘫痪，应用服务中断或数据篡改、丢失等情况。

3）网络恐怖活动的嫌疑情况和预警信息。

4）其他影响网络与信息安全的信息。

2. 预警处理与发布

（1）对于可能发生或已经发生的网络与信息安全突发公共事件，立即采取措施控制事态，并在 1 小时内进行风险评估，判定事件等级。必要时应启动相应的预案，同时向应急小组办公室通报情况。

（2）应急领导小组办公室接到报警信息后应及时组织有关专家对信息进行技术分析、研判，根据问题的性质、危害程度，提出安全警报级别，并及时向应急领导小组报告。

（3）应急领导小组接到报告后，对发生和可能发生的网络与信息安全突发公共事件时，应迅速召开应急领导小组会议，研究确定网络与信息安全突发公共事件的等级，决定启动本预案，同时确定指挥人员。并向相关处室进行通报。

（4）对需要向公安局网络安全科通报的要及时通报，并争取支援。

（三）应急响应

1. 先期处置

当发生网络与信息安全突发公共事件时，在岗人员应做好先期应急处置工作，立即采取措施控制事态，同时向"一基地一中心"领导报告。

"一基地一中心"领导在接到网络与信息安全突发公共事件发生或可能发生的信息后，应加强与有关方面的联系，掌握最新发展动态。如果事件严重，要及时向领导小组汇报，并做好启动本预案的各项准备工作。还要根据网络与信息安全突发公共事件发展态势，视情况指导，组织应急支援。

2. 应急指挥

本预案启动后，要抓紧收集相关信息，掌握现场处置工作状态，分析事件发展态势，研究提出处置方案，统一指挥网络与信息应急处置工作。

3. 信息处理

应对事件进行动态监测、评估，及时将事件的性质、危害程度和损失及处置工作等情况，报应急领导小组，不得隐瞒、缓报、谎报。

安全环境处信息中心要明确信息采集、编辑、分析、审核、签发的责任人，做好信息分析、报告和发布工作。要及时编发事件动态信息供领导参阅。要组织有关人员研判各类信息，研究提出对策措施，完善应急处置计划方案。

4. 信息发布

当网络与信息安全突发公共事件发生时，安全环境处信息中心及时做好信息发布工作，通过相关单位发布网络与信息安全突发公共事件预警及应急处置的相关信息。

安全环境处信息中心要密切关注相关媒体关于网络与信息安全突发公共事件的新闻报道，及时采取措施。

5. 扩大应急

经应急处置后，事态难以控制或有扩大发展趋势时，应实施扩大应急行动。要迅速召开应急领导小组会议或由协调小组负责人根据事态情况，研究采取有利于控制事态的非常措施，并向公安局网络安全科请求支援。

6. 应急结束

网络与信息安全突发公共事件经应急处置后，得到有效控制，事态下降到一定程度或基本得到解决，将各监测统计数据上报应急领导小组并提出应急结束的建议，经批准后实施。

三、消防处置应急预案

（一）总则

1. 适用范围

适用于"一基地一中心"所属各处室火灾应急救援工作。

2. 应急处置基本原则

（1）"预防为主，防消结合"。统一指挥，分工负责，积极抢救人员和财产，迅速组织人员疏散，实施灭火救援，保护"一基地一中心"的人身、设备、财产安全。

（2）"救人重于救火"。保证生命安全、财产安全，把火灾影响尽可能控制在最小范围，最大限度减少人员损失。

（3）"先控制、后消灭"。集中力量切断火势蔓延途径，将火势控制在一定的范围内，防止火势向易燃易爆物品、人员集中场所、重要建筑等地蔓延。

火灾发生后各处室要在"一基地一中心"领导小组的统一指挥和部署下通力合作、资源共享，及时展开应急处理工作。

（二）事件分级

1. 危险源分析

"一基地一中心"以餐饮、住宿、会议综合性经营性场所，人员密集场所，为火灾重点防护对象。火灾发生的可能性具有随意性、随时性。一旦发生火灾，直接危及人员生命安全，且影响巨大火灾防范重点。

2. 事件定义

火灾是指在时间上和空间上失去控制的燃烧所造成的危害。

3. 火灾分类

（1）特大火灾：死亡 10 人以上（含本数，下同）；重伤 20 人以上；死亡、重伤 20 人以上；直接经济损失 100 万元以上。

（2）重大火灾：死亡 3 人以上；重伤 10 人以上；死亡、重伤 10 人以上；直接经济损失 30 万元以上。

（3）一般火灾：不具有前列两项情形的火灾，为一般火灾。

火灾事故发生后，"一基地一中心"各相关处室进入应急状态。

（三）预防与预警

1. 火灾事故信息报告内容

发生火灾事故的时间、地点、火势、起火原因、燃烧物质种类和数量，报告人姓名、电话、行车路线等详细情况以及已经采取的措施。

2. 信息报告时间

（1）发生二级响应火灾事故，班组—处室—防火办公室逐级上报，各节点不超过 1 分钟。发生一级响应火灾事故时，相关班组立即直报"一基地一中心"消防值班室，同时报告值班处长，"一基地一中心"消防值班室和值班处室同时向小组领导报告并发布信息。

（2）火灾事件续报。班组、处室应在火灾事故得到控制之前，按"一基地一中心"要求及时续报相关情况及设备状况。

3. 信息报告程序

发生事故处室、班组—"一基地一中心"指挥中心—"一基地一中心"火灾事件工作办公室总经理—"一基地一中心"火灾事件应急工作领导小组。

（四）应急响应

1. 分级响应

针对火灾事故危害程度、影响半径和"一基地一中心"控制事态的能力，分为两个不同的等级，按照分级负责的原则，明确应急响应级别。

（1）二级响应。发生火情，燃烧物不带电，无易燃气体等危险品，且火势蔓延空间有限，不会发展为火灾事故，处于可控状态。

1）安全环境处指导事故处室根据本处室应急预案及相关方案、措施，进行火灾现场火势控制、扑救及人员疏散工作。

2）根据领导小组决策和现场需要，安全环境处协调、抽调火灾现场附近待命处室抢险人员、物资，支援灭火现场。

（2）一级响应。

1）现场值班人员判定火灾为一级响应时应立即拨打119报警电话，请求支援，报警时详细讲明发生火灾事故的时间、地点、燃烧物质种类，报告人姓名、行车路线等，并迅速派人到主要路口迎接消防队伍。同时，根据火情和本处室专项应急预案和处置方案迅速开展确定警戒区域、隔离人员进入警戒区、救援被困人员、清理火灾现场易燃物，控制火势蔓延，等待消防处室支援。

2）领导小组立即发布决策，启动预案，部署指导现场抢险救援工作。防火工作办公室协调、抽调火灾现场及附近待命处室一切火灾事故抢险力量，赶赴现场参加抢险。各响应处室在领导小组指挥下，根据职责有序开展现场人员疏散；人员、物资抢救；警戒区划定和火灾扑救等工作。如果有易燃易爆气体，随时有发生爆炸可能的部位发生火灾，现场指挥人员应以保人身安全为第一责任，严格控制人员进入警戒区。清理现场周边易燃物，控制火势蔓延，协助消防处室灭火。

3）各相关处室根据自身职责，启动相关预案开展人身伤亡事件处置、设备抢修及事故原因调查等工作。

2. 应急结束

在火灾现场应急处置完毕后，由火灾事故应急工作领导小组组长或其授权人公开发布信息，宣布火灾应急抢险工作结束，紧急状态解除。

3. 信息发布

"一基地一中心"各处室应结合应急管理工作需要，组织开展相关培训工作，对有关领导干部、相关处室人员、新闻发布小组人员、内部媒体人员等进行培训，提高"一基地一中心"突发事件信息报告与新闻发布应急工作水平。

四、防汛处置应急预案

（一）总则

1. 适用范围

本预案适用于"一基地一中心"应对和处理所辖区域的基础设施、设备等，因强降雨造成事故、破坏等事件情况下，"一基地一中心"有关处室组织开展应急救援、事故抢险与处置等工作。

2. 应急处置基本原则

（1）高度重视。"一基地一中心"各处室要充分认识因强降雨造成突发事件应急处理工作的重要性，加强宣传教育，提高员工应急处理工作意识，认真落实应急工作各项措施。

（2）预防为主。坚持"安全第一、常备不懈、以防为主、全力抢险"的防汛工作方针，落实事故预防和隐患控制措施；开展紧急处置演习，提高突发事件的处理和应急救援综合处置能力。各处室必须开展针对防汛方面的安全性评价工作，精心组织，严格筹备，依法规范防汛应急工作的监督管理。

（3）统一指挥。在"一基地一中心"领导统一指挥和协调下，通过应急指挥机构组织开展事故处理、事故抢险、应急救援、维护社会稳定、恢复生产经营等各项应急工作。

（4）分工负责。按照分层分区、统一协调、各负其责的原则建立事故应急处理体系。"一基地一中心"制定和完善应急处理和恢复预案，组织做好因强降雨造成突发事件的应急准备和处置工作。突发事件发生后各有关处室在指挥领导小组的统一指挥和安排下，各负其责、通力合作，积极开展应急处理工作。

（5）保证重点。在因强降雨造成突发事件的处理和控制中保证"一基地一中心"安全放在第一位，采取各种必要手段，防止事故范围进一步扩大。应急处理工作要突出重点、全面防御，抓重点变电站、抓重点设备、抓重点线路，抓重点隐患部位，尽快消除隐患。

（6）人身安全。各处室在抢险工作过程中一定要确保人身安全，避免变电站、室设备爆炸、倾覆、起火造成的人身伤害。

（7）快速反应。各处室在接到抢险工作指令后要立即启动相关预案，按预案要求，迅速到达事故现场，展开应急抢险工作。

（二）事件分级

1. 危险源分析

"一基地一中心"所辖区域内存在两个地下空间及变、配电室等基础设施，在汛期由于强降雨，易发生基础设施破坏，电力设施损坏、停电等事故。

2. 危害程度分析

强降雨伴随的雷雨大风等强对流天气极易引发地质灾害，泥石流、滑坡、山洪等突发灾害造成人员群伤群亡；以及变电站室、电缆沟等生产设施发生水淹事故，进一步造成设施设备损毁和大面积停电。事故范围如进一步扩大，对"一基地一中心"基础设施造成巨大影响，防汛抢险、应急救援工作的开展应综合考虑以上因素。

3. 事件分级

按照汛情严重程度，分为预警状态和应急状态两个状态等级事件。

（三）预防与预警

1. 预警状态

即将发生或已发生汛情，尚未造成基础设施及设备损坏事故，"一基地一中心"进入汛情预警状态。

（1）当出现下列情况之一，"一基地一中心"发布防汛预警信息：

1）国家气象处室发布防汛预警信号，将严重影响所在区域的设施设备；

2）设施设备区域出现大范围降水，虽尚未危及"一基地一中心"安全稳定运行，但有进一步恶化的趋势，经过工作领导小组研究决定进入防汛预警状态的。

（2）发布预警信息后，做好以下工作：

1）工作办公室密切关注事态发展，收集相关信息，及时向领导小组汇报，并做好预警准备工作。

2）工作办公室根据职责分工协调组织应急队伍、应急物资、应急电源、交通运输等准备工作，严格公司工作要求、做好异常情况处置。

3）按照预案规定，加强设备巡查和监测，开展应急工作，及时收集和报送设施设备受损、气象、运行等信息。

2. 预警解除

领导小组根据天气状况和实际情况做出解除预警的决定，发布相关信息并终止已经采取的有关措施。

3. 应急状态

汛情已造成基础设施及设备损坏事故，"一基地一中心"进入汛情应急状态。

当出现下列情况之一，"一基地一中心"发布防汛应急信息：

（1）变、配电基础设施进水。

（2）洪水冲刷造成变电站内外边坡坍塌；洪水浸泡造成基础塌陷。

（3）泥石流砸伤变电设施。

（4）驻地遭洪水侵害。

（5）变电站控制室电缆沟等生产设施发生水淹事故。

（6）根据汛灾实际，经领导小组批准、列为防汛应急状态事件的。

4. 信息报告

（1）预警响应阶段，工作办公室向领导小组汇报天气状况及发展趋势、已采取的措施等信息。

（2）事件响应阶段，领导小组向上级单位应急领导小组汇报运行设备受损、抢险进展、次生灾害、人员伤亡、天气状况及发展趋势，应急抢修队伍、应急物资、应急装备需求等情况。

5. 信息报告时间

（1）防汛初报。"一基地一中心"所属处室应在第一时间了解掌握防汛情况，及时向防汛工作办公室报告初步情况。

（2）防汛续报。各处室应在事件稳定之前，按工作办公室要求及时续报暴风雨天气气候发展情况，及事故处理情况。

6. 信息报告程序

（1）各处室发现故障，必须及时向防汛办公室汇报，领导小组第一时间向上级单位汇报，根据总体部署启动相关应急预案。

（2）预警响应阶段，各处室负责人—防汛办公室—防汛工作领导小组组长汇报。

（3）事件响应阶段，处室负责人—防汛办公室—防汛工作领导小组组长—应急领导小组汇报。

（4）防汛办公室根据工作领导小组决议，宣布进入预警或应急状态，并由防汛办公室通知各处室启动相关预案。

（四）应急响应

1. 分级响应

针对防汛抢险危害程度、影响范围和"一基地一中心"控制事态的能力，将防汛抢险分为三个不同的等级，按照分级负责的原则，明确应急响应级别。

（1）预警状态。"一基地一中心"所属各处室及相关职能人员保持正常的工作、学习、生活秩序、在坚持日常防控措施的基础上，适时采取以下措施：

1）以处室为单位，及时加强巡视次数，增加特巡。应根据不同区域的线路巡视，加强对地下空间和变、配电室进行全面检查，做好防汛抢险措施。

2）配电室加强现场运行管理，做好事故预演工作。班组要有针对性地开展事故预想、反事故演习，提高应急处理能力。尤其保证变电站不发生水淹设施现象。对端子箱、机构箱、电源箱等做好防雨防护工作。加强汛期值班，完善挡水墙，疏通泄水沟，配备充足的抽水泵。

（2）应急状态。汛情发生，基础设施及电力设备受到轻微损伤，但不影响功能应用，处室启动各自现场处置方案，按照方案要求进行应急处理。同时，上报处室应急小组。

2. 二级响应

（1）预警状态。除密切关注天气情况外，各处室及班组保持正常的工作、学习、生活秩序，在坚持三级响应措施的基础上适时采取以下措施：

1）运行维护处、安全环境处要全部上岗，防汛抢险期间每天对看护范围至少完成一次巡视，填写巡视记录单，并向上级单位及时汇报设备运行情况及汛情发展情况。

2）加强防汛抢险期间重点线路和特殊地段的巡护。

3）增加地下室等部位的特巡、夜巡次数，发现问题及时汇报并处理。

4）加强设备分析，对易产生故障的部位加强监控。加强对特殊区域及地下室、配电室的监控，积极开展专项预防、治理等工作，确保安全稳定运行。

（2）应急状态。汛情发生，基础设施及配电设备受到一定损伤，但不影响主要功能应用，事故范围暂时不会扩大，各处室启动各自专项预案，按照预案要求进行应急处理。同时，上报工作办公室。

3. 一级响应

（1）预警状态。汛情严重，基础设施及电力设备虽然尚未受到损伤，但事态不易控制，可能导致事故发生，"一基地一中心"启动综合预案，各处室启动相应的预案，按照预案要求进入预警状态，启动一级响应。同时，做好应急准备。

（2）应急状态。

1）领导小组立即发布实施令，通报灾害等级、应急措施及要求时间、应急主要联络人员及备用联络人，对各处室发布抢险方案。

2）全面启动决策、咨询、运行管理、应急指挥和救援、现场指挥机构。

3）明确各处室的任务及抢险范围，在限定时间内进行抢险。

4）及时反馈及报送预测汛情发展信息、为制定最佳效率的防汛方案提供保障。

5）及时向公司汇报抢险进展情况。

6）由工作办公室对强降雨灾害及时做出调查，编写处理报告及进行后果评估。根据事故的大小和发展态势，明确应急指挥、应急行动、资源调配、应急避险、扩大应急等相应程序。

4. 应急结束

在突发事件应急处置结束后，由领导小组组长公开发布信息，宣布应急状态解除。

5. 信息发布

"一基地一中心"各处室应结合应急管理工作需要，组织开展相关培训工作，对有关领导干部、相关处室人员、新闻发布小组人员、内部媒体人员等进行培训，提高"一基地一中心"突发事件信息报告与新闻发布应急工作水平。

五、停电事件处置应急预案

（一）总则

1. 适用范围
本预案适用于"一基地一中心"范围内紧急停电事件的处置工作。

2. 应急处置基本原则
（1）预防为主。坚持"安全第一、预防为主"的方针，加强"一基地一中心"安全工作，突出事故预防和控制措施。

（2）统一指挥。通过各级应急领导小组，组织开展事故处理、事故抢险、应急救援、维护稳定等各项应急工作。

（3）分工负责。按照分层分区、统一协调、各负其责的原则建立紧急停电事件预防和处置体系。

（4）快速反应。处置突发事件要坚持一个"快"字，做到反应快、报告快、处理快、恢复快。

（二）应急响应

1. 响应程序
（1）当发生紧急停电事件时，运行维护处负责人安排电工到现场查看情况的同时立即报告紧急停电事件应急处置领导小组。

（2）应急领导小组在接到有关事故报告后，根据实际情况召集紧急会议，研究决定是否进入预警状态或应急状态，并就有关重大应急问题做出决策和部署，启动相应应急预案，发布预警状态或应急状态命令。

（3）应急领导小组在发布预警状态或应急命令的同时，应立即将事故有关情况报告上级单位应急指挥机构、区域电力监管机构、地方政府应急指挥"一基地一中心"。必要时，请求给予支持和援助。

2. 应急处置
根据以往重大接待的保电经验，配合电力公司安排两台发电车。接待会议期间，电工班员工全部值班，其中 1 名员工临场指挥，并负责紧急电气维修，2 名员工分别值守箱变和配电室。

六、停水事件处置应急预案

（一）总则

1. 适用范围

本预案适用于"一基地一中心"范围内停水事件发生时的处理、抢险工作。

2. 应急处置基本原则

（1）预防为主。坚持"安全第一、预防为主"的方针，加强"一基地一中心"安全工作，突出事故预防和控制措施。

（2）统一指挥。通过各级应急领导小组，组织开展事故处理、事故抢险、应急救援、维护稳定等各项应急工作。

（3）分工负责。按照分层分区、统一协调、各负其责的原则建立紧急停电事件预防和处置体系。

（4）快速反应。处置突发事件要坚持一个"快"字，做到反应快、报告快、处理快、恢复快。

（二）应急响应

1. 响应程序

（1）当发生紧急停水事件时，运行维护处负责人安排水工到现场查看情况的同时立即报告紧急停电事件应急处置领导小组。

（2）应急领导小组在接到有关事故报告后，召集紧急会议，研究决定是否进入预警状态或应急状态，并就有关重大应急问题做出决策和部署，启动相应应急预案，发布预警状态或应急状态命令。

（3）应急领导小组在发布预警状态或应急命令的同时，应立即将事故有关情况报告上级单位应急指挥机构。

2. 停水事件应急处置

接待会议开始前须对全部供水设备检查，保证供水设备处于良好状态。会议期间，全体水工班员工停休，由水工班班长负责具体保水方案的实施。其中，1

名员工负责山上水池的值守，1 名员工负责水井电控室值守，1 名员工负责热力站值守，1 名员工负责紧急维修。为了防备会议期间设备突发故障，联系厂家准备备用水泵，并要求水泵厂家派技术人员驻场保会，一旦自备水井设备出现故障，运行维护处将立即组织员工提井更换水泵。水工班负责水池和电控室值守的人员与对方人员一道共同实施借水作业，并负责值守。

为提前发现供水管道系统存在的安全隐患，运行维护处对可视部分的水管路进行外观检查。对于埋地部分的水管路，计划使用消防车对管道进行加压（9 千克）测试，使潜藏的危机、隐患提前暴露。

为了开展管道爆裂后的工程抢修，联系外协抢修队带抢修设备进驻会场，一旦出现故障立即投入抢修，在最短的时间内恢复供水。

3. 停热水事件应急处置

生活热水系统分一次换热系统和二次换热系统，都有备用设备，一旦出现设备故障，可很快切换到备用系统。热水的二次换热系统归我单位管理，现已经对备用循环设备进行了开机实验，设备正常。一次换热系统由热力公司负责管理，接待会议期间一旦热水系统出现故障，运行维护处将立即启动备用系统，并联系热力公司进行维修。如果市政供热系统整体出现问题不能供热，运行维护处将立即启动自备电锅炉（含太阳能）供热系统，以满足生活热水的正常供应。

七、交通安全应急预案

（一）总则

协助应急预案指挥部领导完成相关交通安全工作。强化"一基地一中心"内部交通安全防范措施，落实安全防范责任制，与各处室签订交通安全责任书；"一基地一中心"内部组织专项安全教育活动；定期对机动车进行安全检查和维护并做好详细记录；由"一基地一中心"领导对驾驶员进行考核；定期对驾驶员进行交通安全法规和驾驶技能培训。加强对车辆人员的管理，杜绝酒后开车，非司机开车及疲劳驾驶，确保不发生交通事故。加大交通安全宣传教育工作，增强全体员工的安全守法意识和自我保护意识。利用各种宣传方式，大力宣传道路交通法。加大检查力度，对违章的处室及员工进行处罚。深入开展交通安全工作，以多种形式组织开展群众性文化活动，发放交通安全法律常识、宣传材料。

（二）应急响应

（1）在驾驶中发生交通事故时，立即向122报警，同时向"一基地一中心"报告，如有人员伤亡应向120或999求助。

（2）报警时要说清事发地点、车辆损毁情况、有无人员伤亡等。

（3）交通安全管理员接报后，要立即向处室负责人及主管领导汇报，并会同有关领导迅速赶到现场或事故处理部门，了解情况，配合处理。

（4）发生重大交通事故，迅速组成由单位领导参加的事故处理小组，负责事故的全面处理工作。

（5）做好与交通管理部门的联络、协调工作，派出救援车辆，协助抢救运送伤者，协助交管处室调查事故原因，认定事故性质，核定损失和确定相应责任。

（6）了解伤亡人员信息，联系有关亲属，做好接待、安抚、服务工作。

（7）做好善后处理工作。

（8）事故处理后及时写出书面报告，报上级主管处室。

八、游泳池溺水事件处置应急预案

（一）总则

1. 适用范围

本预案适用于泳池游客溺水事故应急处置工作。

2. 应急处置基本原则

（1）以人为本，预防为主。切实把维护"一基地一中心"游客安全作为应急工作的出发点，最大限度预防和减少溺水事故及其造成的影响和损失。贯彻预防为主的思想，防患于未然。增强忧患意识，坚持预防与应急相结合，做好应对突发事件的各项准备工作。

（2）快速反应，协调应对。充分发挥处室整体优势，建立上下联动、区域协作的快速响应机制，对内做好应急处置工作，对外做好与其他处室的有效沟通，整合内外部应急资源，共同开展突发事件处置工作。

（二）应急响应

1. 现场程序

（1）救生员发现溺水者惊慌失措，逐渐下沉；救生员在接近溺水者的地方使用"跨步式下水法"跳下水组织营救。

（2）服务员立即通知处室负责人，处室负责人接到汇报后立即赶到现场。

（3）救生员入水后头部须始终保持在水面上，眼睛始终不离开目标，快速接近溺水者。

（4）在距离溺水者2米的位置稍停，观察溺水者，使自己处于有利的位置（溺水者身后），靠近溺水者。

（5）采用反蛙泳、双手腋下拖带法将溺水者拖至岸边。

（6）施救上岸后，轻拍溺水者面颊或摇动肩部，高声呼喊"喂，你怎么了？"若无反应，立即用手指掐压人中穴，时间在10秒钟以内，不可太长，溺水者有反应立即停止掐压穴位。

（7）高声呼救，一旦初步确定溺水者为心搏呼吸骤停，应马上进行心肺复苏术，在施救的同时立即呼叫服务人员拨打120求助。

（8）将溺水者放置适当体位，畅通呼吸道，对于无自主呼吸的溺水者，采用头后仰法，救生员站或跪膝在溺水者一侧，用手指尖放在溺水者下颌部，轻轻向前上提起至牙齿近闭合位。将另一手的手掌放在溺水者的前额部用力向下推，两手合力使头后仰，从而打开气道，清理口中异物。

（9）判断呼吸，维持开放气道位置，用耳贴近溺水者口鼻，眼睛观察溺水者胸部有无起伏，面部感觉其呼吸道有无气体排出，耳听溺水者呼吸道有无气流通过的声音。观察3~5秒，有呼吸，注意保持气道畅通；无呼吸，立即做人工呼吸，先吹两口气，儿童吹气量为看到胸廓部起伏，成人每次吹入气量为700~1000毫升，3~4秒吹一口气。

（10）判断有无脉搏，一手置于溺水者前额，使头部保持后仰，另一手在靠近施救者一侧触摸颈动脉，时间不超过10秒，如无脉搏，立即进行心肺复苏术。

（11）心肺复苏，将溺水者仰卧放在硬性物质上，并保证按压胸骨时身体不会移动。先对溺水者口或鼻吹两口气，快速测定按压位置：以食指和中指肌弓处向中间滑移，在两侧肌弓交点处寻找胸骨下切迹，以切迹作为定位标志，不要以剑突下定位，然后将食指和中指横放在胸骨横切迹上方，食指上方的胸骨正中即为按压区；以另一手掌根部紧贴食指上方，放在按压区，再将定位之手取下，将掌根重叠放于另一手背上，垂直向下用力按压，按压频率为 100 次/分钟，深度为 4~5 厘米，按压与人工呼吸比例为 30 : 2，即每吹两口气按压 30 下。这样反复循环做心肺复苏直到溺水者恢复心跳和呼吸，如一直不能恢复就一直反复做，直到医护人员到来。

2. 送客人到医院救治

120 急救车到场后，迅速配合医护人员将溺水者送医院急救，在送医院途中不能终止抢救。陪同到医院人员随时与本单位保持联络。

3. 记录

事后，对整个处置程序进行详细记录。

第十五章　公共卫生事件类应急预案

一、突发公共卫生事件处置应急预案

（一）总则

1. 适用范围

本预案适用于重大疫情、重大灾害、重大食物中毒等突发公共卫生事件应急处置工作。

2. 应急处置基本原则

在突发事件预防与应急处理工作中应当遵循"以人为本，预防为主、常备不懈"的方针，贯彻"统一领导、分级负责、快速反应、措施果断、依靠科学、加强合作"的原则。

突发事件发生后应根据事件级别立即启动应急预案，应急领导小组负责突发事件应急处理的统一领导、统一指挥，各应急处置工作组及相关单位负责突发事件的应急处理工作。

（二）事件类型和危害程度分析

突发公共卫生事件是突然发生的公共卫生事件，可能是造成人民群众身心健康严重损害的重大传染病、群体性不明原因疾病、重大食物和职业中毒以及因自然灾害、事故灾难或社会安全等事件引起的严重影响公共身心健康和生命安全的事件。

1. 事件分级

根据突发公共卫生事件性质、危害程度、涉及范围，突发公共卫生事件划分为一般（Ⅳ级）、较重（Ⅲ级）、严重（Ⅱ级）和特别严重（Ⅰ级）四级。

2. 体系说明

本应急预案属于综合应急范畴，配合其他安全应急预案做好公共卫生事件的应急保障与安全工作。

（三）预防与预警

1. 风险监测

突发公共卫生事件应急指挥小组负责突发公共卫生事件监测工作的管理和监督。各处室要建立统一的突发公共卫生事件监测、预警与报告网络体系，逐步形成完善的预警工作机制，按照国家统一的规定和要求，结合实际情况，组织开展重点传染病和突发公共卫生事件的主动监测，收集政府机构提供的监测信息。按照公共卫生事件的发生、发展规律和特点，及时分析其对公众身心健康的危害程度、可能的发展趋势，及时上报。

2. 预警发布

（1）预警级别。

突发公共卫生事件应急指挥小组根据医疗机构、疾病预防控制机构、卫生监督机构提供的监测结果和国内外突发公共卫生事件发生情况，及时分析其对公众身心健康的危害程度、发展趋势，按照突发公共卫生事件的发生、发展规律和特点，由低到高依次采用蓝色、黄色、橙色和红色四个预警级别加以表示，分别对应可能发生Ⅰ、Ⅱ、Ⅲ、Ⅳ级突发公共卫生事件。

1）蓝色预警。根据公共卫生监测结果，有发生一般突发公共卫生事件可能，事态不会造成社会影响。

2）黄色预警。根据公共卫生监测结果，有发生较大突发公共卫生事件可能，事态可能造成一定社会影响。

3）橙色预警。根据公共卫生监测结果，有发生重大突发公共卫生事件可能，事态可能造成较大社会影响。

4）红色预警。根据公共卫生监测结果，有发生特别重大突发公共卫生事件可能，事态可能造成重大社会影响。

（2）预警发布。

1）蓝色、黄色预警。由突发公共卫生事件应急指挥小组负责发布预警信息。

2）橙色预警。由突发公共卫生事件应急指挥小组提出发布建议，报上级单位，经上级单位突发公共卫生事件应急指挥部总指挥批准后，由应急办或授权突发公共卫生事件应急指挥小组发布。

3）红色预警。由突发公共卫生事件应急指挥小组提出发布建议，报上级单位应急办，经上级单位应急委主要领导批准后，由应急办或授权突发公共卫生事件应急指挥小组发布。

3. 预警响应

（1）蓝色预警响应。突发公共卫生事件应急指挥小组及时做好预警信息的解释和相关情况的通报工作，组织开展有针对性的健康教育，宣传普及预防知识；突发公共卫生事件应急工作小组做好应对准备。

（2）黄色预警响应。在蓝色预警响应的基础上突发公共卫生事件应急工作小组赶赴现场开展调查核实，并采取相应的预防控制措施；有关处室做好预警响应准备。

（3）橙色预警响应。在黄色预警响应的基础上采取必要的预防控制措施；突发公共卫生事件应急工作小组赶赴现场协助上级处室开展调查核实工作；各相关处室做好预警响应准备。

（4）红色预警响应。在橙色预警响应的基础上采取相应的预防控制措施；突发公共卫生事件应急工作小组赶赴现场与上级应急工作组一起开展调查核实工作；各相关处室按照职责做好应急响应准备。

4. 预警结束

根据不同类别突发公共卫生事件的发生、发展规律和特点，突发公共卫生事件应急工作小组要立即分析其对员工身心健康的危害程度、可能的发展趋势，及时做出响应级别的预警和反应级别：对范围局限、不会进一步扩散的事件，应相应降低预警级别，及时撤销预警。

（1）蓝色、黄色预警。由突发公共卫生事件应急小组负责解除预警信息。

（2）橙色预警。由突发公共卫生事件应急小组提出解除建议，报上级单位，经上级单位突发公共卫生事件应急指挥部总指挥批准后，由应急办或授权突发公共卫生事件应急指挥小组解除。

（3）红色预警。由突发公共卫生事件应急指挥小组提出解除建议，报上级单位应急办，经上级单位应急委主要领导批准后，由应急办或授权突发公共卫生事件应急指挥小组解除。

（四）应急响应

1. 相应分级

根据《国家突发公共事件总体应急预案》，突发公共卫生事件根据其性质、危害程度、涉及范围划分为四级：特别重大（Ⅰ级）、重大（Ⅱ级）、较大（Ⅲ级）和一般（Ⅳ级）四级。

（1）特别重大突发公共卫生事件（Ⅰ级）。有下列情况之一的为特别重大突发公共卫生事件（Ⅰ级）：

1）肺鼠疫、肺炭疽在大、中城市发生并有扩散趋势，或肺鼠疫、肺炭疽疫情波及上级单位、"一基地一中心"，并有进一步扩散趋势。

2）发生传染性非典型肺炎、人感染高致病性禽流感病例，并有扩散趋势。

3）涉及50人以上的群体性不明原因疾病，并有扩散趋势。涉及多个省份的群体性不明原因疾病，并有扩散趋势。

4）自然灾害、突发社会事件导致的疾病在上级单位或"一基地一中心"爆发或流行。

5）发生新传染病或我国尚未发现的传染病发生或传入，并有扩散趋势，或发生在我国已消失的传染病重新流行。

6）周边以及与我国通航的国家和地区发生特大传染病疫情，并出现输入性病例，严重危及我国公共卫生安全的事件。

7）国务院卫生行政处室认定的其他特别重大突发公共卫生事件。

（2）重大突发公共卫生事件（Ⅱ级）。有下列情形之一的为重大突发公共卫生事件（Ⅱ级）：

1）在"一基地一中心"范围内发生1例以上肺鼠疫、肺炭疽病例。

2）发生传染性非典型肺炎、人感染高致病性禽流感疑似病例。

3）发生乙类、丙类传染病在同一单位有30人以上病例。

4）发生群体性不明原因疾病，扩散到"一基地一中心"以外的范围。

5）预防接种或群体预防性服药出现人员死亡。

6）一次食物中毒人数50人以上，或出现1例以上死亡病例。

7）一次发生急性职业中毒50人以上，或死亡1人以上。

（3）较大突发公共卫生事件（Ⅲ级）。有下列情形之一的为较大突发公共卫生事件（Ⅲ级）：

1）在某一个处室发现群体性不明原因疾病。

2）一次食物中毒人数在 20~50 人的，未出现死亡病例。

3）预防接种或群体预防性服药出现群体心因性反应或不良反应。

4）一次发生急性职业中毒在 20~50 人的，未出现死亡病例。

（4）一般突发公共卫生事件（Ⅳ级）。有下列情形之一的为一般突发公共卫生事件（Ⅳ级）：

1）一次食物中毒人数在 10~20 人的，未出现死亡病例。

2）一次发生急性职业中毒在 10~20 人的，未出现死亡病例。

2. 响应程序

（1）Ⅳ级突发事件。事发时按照日常工作流程或故障处理流程参与处置工作。当事态进一步扩大后，由各单位突发公共卫生事件应急指挥部根据分级标准判断突发事件是否需升级到Ⅲ级或更高级别突发事件。根据事态升级，及时提高应急响应级别。

（2）Ⅲ级突发事件。密切关注突发事件应急工作的进展，并开展必要的协调工作。当事态进一步扩大后，突发公共卫生事件应急工作小组根据分级标准判断事件是否需升级到Ⅱ级或更高级别。根据事态升级，及时提高应急响应级别。事态逐步得到控制时，及时降低应急响应级别。

（3）Ⅱ级、Ⅰ级突发事件。

1）应急管理领导小组宣布启动应急预案。

2）突发公共卫生事件应急工作小组在应急管理领导小组的总体协调下进行应急处置。

3）与应急有关的其他处室、责任人员就位，处于随时待命状态。

4）根据突发事件的具体情况，调配应急体系中的各级救援力量和资源开展现场工作，必要时求助政府处室动用社会力量。

5）突发公共卫生事件应急工作小组在处置过程中对事件的发展态势及影响及时进行动态监测。

6）突发公共卫生事件应急工作小组随时收集、整理应急处置情况的信息，及时向上级单位应急管理领导小组报告，直到应急结束。

3. 应急处置

一般原则如下：

（1）开展病人接诊、收治和转运工作，实行重症和普通病人分开管理，对疑似病人及时排除或者确诊。市紧急医疗救援"一基地一中心"承担突发公共卫生事件受伤人员现场急救、分类、转运工作。

（2）协助疾病预防控制机构人员开展标本的采集、流行病学调查工作。

（3）做好现场控制、消毒隔离、个人防护、医疗垃圾和污水处理工作，防止院内交叉感染和污染。

（4）做好传染病和中毒病人的报告。对因突发公共卫生事件而引起身体伤害的病人，任何医疗机构不得拒绝接诊。

（5）对群体性不明原因疾病和新发传染病做好病例分析与总结，积累诊断治疗的经验。重大中毒事件，按照现场救援、病人转运、后续治疗相结合的原则进行处置。

（6）未发生突发公共卫生事件时，应根据其他地区发生事件的性质、特点、发生区域和发展趋势，分析上级单位受波及的可能性和程度，重点做好以下工作：

1）密切关注事件发生地区的情况，及时获取相关信息。

2）组织做好应急处置所需的人员与物资准备。

3）加强防治知识宣传和健康教育，提高自我保护意识和能力。

4）根据上级人民政府及其有关处室的决定，开展相关工作等。

（7）如果"一基地一中心"内发生突发公共卫生事件，根据事件性质、危害程度和涉及范围采取相应有力措施。

（8）出现四类突发公共卫生事件中的传染病情况时，立即封锁有关区域，封存可能涉及事件的相关物品，对事件涉及的人员进行登记，限制人员流动，积极抢救伤员和患者。同时按照规定报告地方卫生局，请求地方卫生局启动相应预案指导调查和处置。

4. 信息报告

发现法定传染病和突发事件，立即按法定程序和时限上报"一基地一中心"应急管理领导小组、地区疾病控制"一基地一中心"（区CDC）流行病学科，必要时报告地区卫生局医政科。

（1）"一基地一中心"应急办公室在接到报警后，应立即向突发公共卫生事件应急管理领导小组人员报告。

（2）突发公共卫生事件应急领导小组迅速对报警情况进行核实和分析，确定是否需要启动应急预案，并及时报告应急管理领导小组。应急管理领导小组在确定突发事件为Ⅱ级及以上级别后，宣布启动突发公共卫生事件应急预案。

（3）Ⅲ级、Ⅳ级突发公共卫生事件预案启动：由"一基地一中心"确定和宣布启动应急预案。

（4）应急办公室按照有关信息报送要求，及时将Ⅰ级突发公共卫生事件信息报告政府有关应急处理专业技术机构。

5. 应急协调

建立健全与卫生部、北京市政府、北京市卫生局等相关处室的信息沟通及联动机制，在将要发生或已经发生特别重大或重大突发公共卫生事件时，实行统一指挥协调，共同应对突发公共卫生事件。

6. 评估分析

突发公共卫生事件结束后，配合市、区卫生局及时开展事件的评估。由突发公共卫生事件应急指挥部组织相关人员进行事件评估，制定改进方案。

7. 应急结束

当突发公共卫生事件隐患或者相关危险因素消除，或者末例传染病病例发生后经过最长潜伏期无新的病例出现时，响应终止。

突发公共卫生事件应急预案的应急结束条件：在满足规定的条件下，Ⅰ级及Ⅱ级突发公共卫生事件由突发公共卫生事件应急指挥部提请，经应急管理领导小组研究后决定并宣布解除突发公共卫生事件状态；Ⅲ级、Ⅳ级突发公共卫生事件由"一基地一中心"突发公共卫生事件工作小组提请，经应急管理领导小组研究后决定并宣布解除突发公共卫生事件状态。

二、食物中毒事件处置应急预案

（一）总则

1. 适用范围

本预案适用于"一基地一中心"应对和处置食物中毒事件，指导和组织"一基地一中心"系统开展对食物中毒预防等工作。

2. 应急处置基本原则

（1）预防为主，常备不懈。宣传普及食品安全知识及防治知识，提高员工的防护意识和公共卫生水平。

（2）加强领导、落实责任。在"一基地一中心"领导班子的统一领导下，按照区域管理为主，综合协调，责任到人，开展突发食物中毒的预防与处置工作。

（3）快速反应，运转高效。充分发挥"一基地一中心"协调职能，上通下达、恪尽职守，加强与员工、宾客、上级单位、会务人员等的沟通合作，协同处理突发食物中毒的处置工作。

（4）建立预警、救治快速。建立预警机制，增强应急处理能力，按照"四早"要求，早发现、早报告、早隔离、早治疗，快速反应，及时准确处置。

（5）结果处理，善后总结。对"一基地一中心"内突发食物中毒处理完成后，对经验教训进行总结，制定改进措施，惩前毖后。

3. 事故特征

食物中毒多是因为食品、饮料不当所致，其中毒症状多见于急性肠胃炎，如恶心、呕吐、腹痛、腹泻等。

（二）应急响应

（1）发现人发现食物中毒情况后，将时间、地点、中毒人数、中毒程度以及症状记录后，报告安全环境处。同时报告人应就近看护中毒者，不要将病人单独留下，不挪动任何物品，保护好现场。

（2）应急预案指挥部人员第一时间赶赴现场进行现场指挥。

（3）安全环境处接到应急预案指挥部授权后及时联系急救中心并根据情况采取适当的紧急救治措施。

（4）指定人员陪同患者前往医院就诊。并取得诊断证明。

（5）征得总指挥同意，将留样食品送相关机构化验，以确定是何种食物引起的中毒。

（6）安全环境处人员立即赶到现场，划定警戒线，禁止无关人员进入和围观；并做好知情人的访问记录。

第十六章 社会安全事件类应急预案

一、突发群体事件处置应急预案

（一）总则

1. 适用范围

本预案适用于"一基地一中心"应对和处置因突发性群体事件引起的各种突发情况，指导和组织"一基地一中心"开展对各项工作的恢复保障等工作。本预案所称突发群体性事件是指：某群体因某种潜在矛盾或现实问题尚未得到解决而感到自身利益受到剥夺，采取非常规甚至极端方式进行对抗，从而导致损害社会公共利益和安全、破坏社会稳定、扰乱社会秩序的负面事件。

2. 应急处置基本原则

（1）以人为本，减少危害。在突发性群体事件发生之前要加强并规范信访工作，从源头上防止涉及群众切身利益的大规模群体性事件发生。

（2）坚持防治结合。建立健全利益协调机制和维护稳定预警工作机制，做到早发现、早报告、早控制、早解决，将事件控制在萌芽阶段，及时消除诱发大规模群体性事件的各种因素。

（3）尽量规避风险的发生。事件一旦发生应坚持依法处置，自觉维护法律法规的权威性和政策的严肃性。同时注意工作方法和策略，综合运用法律、经济等手段和宣传、协商、调解等方法处置群体性事件；慎用强制措施，按照"可散不可聚、可解不可结、可顺不可激"的处置原则，加强对群众的说服教育，引导群众以理性、合法的方式表达利益诉求，防止矛盾激化和事态扩大。对发生暴力行为或严重扰乱社会治安秩序、危害公共安全的事件，要及时、果断采取措施，坚决制止违法犯罪行为，尽快平息事态。

（4）统一指挥支援协作。在"一基地一中心"的统一指挥、协调下，分层分区，做到分工明确、责任落实。视事件严重程度动员全上级单位力量，支援协作，密切配合，开展应急救援、抢修恢复等各项应急工作。

（5）加强教育正确引导。预防和处置大规模群体性事件，要将法制宣传、教育疏导工作贯穿事件处置的整个过程。要通过新闻媒体、现场广播、印发通告等方式广泛宣传有关法律法规和政策，教育群众遵守法律法规，依法维护自身合法权益。通过合法、正当渠道和方式反映问题。要按照上级指示精神和各处室统一部署，组织好信息发布工作。对歪曲性报道或谣言予以及时驳斥和澄清，正确引导舆论。

（6）信息畅通及时准确。采取多种方式，保证信息通道畅通；确保指挥、设备状态、应急队伍、物资资源等信息及时、准确、可靠地上传下达；信息报送和对外发布统一归口，数据唯一。

（二）事件类型和危害程度分析

1. 事件分级

突发群体性事件按照事件的紧迫程度、形成的规模、行为方式和激烈程度、可能造成的危害和影响、可能蔓延发展的趋势等由高到低分为四级：Ⅰ级（特别重大）、Ⅱ级（重大）、Ⅲ级（较大）、Ⅳ级（一般），Ⅰ级为最高级别。

（1）Ⅰ级事件。在营业区出现大面积的串联、煽动和蛊惑信息，并有未经批准进行的大规模罢工、游行、绝食、静坐、上访、请愿以及实施打、砸、抢等扰乱治安、破坏生产行为，引发地区、行业性的连锁反应，形成严重影响社会稳定的大规模群体性事件。

（2）Ⅱ级事件。在营业区出现大面积的串联、煽动和蛊惑信息，并有未经批准进行的大规模罢工、游行、绝食、静坐、上访、请愿等行为，且聚集规模膨胀并出现向社会上串联、聚集的趋势；办公秩序受到严重影响甚至瘫痪的群体性事件。

（3）Ⅲ级事件。由单个突发事件引发连锁反应，在营业区出现各种横幅、标语、大小字报，事件已引起社会广泛关注，并攀升为社会热点问题之一，引发局部聚集，形成影响和干扰工程建设正常工作、生活秩序的群体性事件。

（4）Ⅳ级事件。事件处于单个事件状态，但已引起社会广泛关注，可能出现连锁反应并引起聚集，群体性事端呈萌芽状态。

2. 危害程度分析

突发群体性事件的发生，将对关系国计民生的重要基础设施建设造成巨大影响，重大及以上事件除会造成重大人员伤亡和财产损失外，还容易引发次生事故，造成事发地区的大面积停电和医疗事故。

3. 体系说明

本应急预案是"一基地一中心"应急预案体系的重要组成部分。该预案与其他相关应急预案相辅相成，一旦发生突发事件，各相关应急预案应交叉启动，以最大限度地预防和减少群体性事件的发生，降低事件造成的危害和影响，切实维护社会稳定。

（三）预防与预警

1. 风险监测

"一基地一中心"各处室应建立突发群体性事件风险信息监测机制，依据处室分工各负其责，监测可能发生的风险和接收预警信息。报告程序为：

（1）事发处室获取关于事件发生的风险信息后，应立即向应急办公室报告。

（2）所在处室获取关于突发群体性事件发生的特大或重大预警信息后，应立即向"一基地一中心"应急办公室报告，同时发布预警信息。

（3）应急办公室接到上报风险预警信息或收到政府职能处室的预警通知后，立即汇总相关信息，分析研判，提出事件风险预警建议，经应急领导小组批准后发布。

2. 预警发布

（1）预警分级。根据大规模群体性突发事件的严重性和紧急程度，可分为四个等级：Ⅰ级预警（特大风险）、Ⅱ级预警（重大风险）、Ⅲ级预警（较大风险）和Ⅳ级预警（一般风险）：

1）Ⅰ级：1000人以上的围攻、冲击重要处室，发生打砸抢烧；5000人以上的非法集会游行示威、聚众闹事、堵断交通或发生骚乱。

2）Ⅱ级：500~1000人围攻冲击机关及重要处室、发生打砸抢烧以及群体性械斗；1000~5000人的非法集会游行示威、聚众闹事或堵断交通。

3）Ⅲ级：200~1000人非法集会游行示威；100~500人围堵、冲击重要处室、发生打砸抢烧、堵断交通以及群体性械斗。

4）Ⅳ级：50~200人的非法集会游行示威；30~100人围堵、冲击重要处室、发生打砸抢烧、堵断交通以及群体性械斗。

（2）预警发布。"一基地一中心"应急办公室接到预警后，立即汇总相关信息，分析研判，提出预警建议，经应急领导小组批准后发布。预警信息内容包括事件的类别、预警级别、起始时间、可能影响范围、警示事项、应采取的措施和发布机关等。

发布权限分别为：Ⅰ级由"一基地一中心"应急领导小组报上级单位应急领导小组批准后发布；Ⅱ级由应急指挥小组报上级单位应急领导小组批准后发布；Ⅲ级由负相关责任的各级组织应急指挥小组报上级单位领导小组批准后发布；Ⅳ级由负相关责任的各级组织应急指挥小组报本级领导小组批准后发布。

3. 预警行动

各处室相关人员应采取如下预警响应措施：

（1）接到预警信息后应迅速核实情况。情况属实的，要在迅速上报信息的同时，根据职责和规定的权限启动各自的应急预案，并考虑事件发展的可能、方式、规模、影响，立即拟订相应工作措施，及时、有效地开展先期处置工作，控制事态发展，将事件消除在萌芽状态。

（2）密切关注事态发展，收集相关预警信息，及时向相应的应急指挥机构报告，预警阶段执行每天定点零报告制度。

（3）及时采取相应的防范措施，防止或减少突发事件对营业区、设备和人身造成的危害和经济损失。

（4）合理安排后勤保障运行方式、做好异常情况处置和应急新闻发布准备。

4. 预警结束

根据事件的发展态势和处置情况，当风险因素已得到控制并且已无升级转化的可能时，"一基地一中心"应急办公室向应急领导小组提出请求，经批准后宣布预警结束。并终止已经采取的有关措施。

（四）应急响应

1. 响应分级

根据突发事件的分级，针对危害的程度、影响范围和企业控制事态的能力，按照"分级响应、分层负责"的原则将设备事故应急响应分为二级。Ⅰ级响应应对Ⅰ级、Ⅱ级事件，"一基地一中心"启动Ⅰ级响应，统一领导、指挥应急处置工作。Ⅱ级响应：应对Ⅲ级、Ⅳ级事件，"一基地一中心"启动Ⅱ级响应，授权相关下级组织领导应急处置和指挥工作。

2. 响应程序

（1）Ⅰ级应急响应。"一基地一中心"所辖范围内发生Ⅰ级、Ⅱ级事件时，启动Ⅰ级应急响应。启动本单位突发群体性事件应急响应后，应立即向"一基地一中心"应急办公室报告；"一基地一中心"应急办公室接到报告后，立即收集汇总相关信息，分析研判，报最高应急领导小组；应急领导小组研究决定成立突发群体性事件应急领导小组及办公室；突发群体性事件领导小组确定事件响应等级，宣布启动Ⅰ级应急响应。

应急领导小组召开应急会议，迅速组建"一基地一中心"和现场应急处置指挥部，确定并派出前线指挥人员。启用"一基地一中心"应急指挥"一基地一中心"，统一组织领导事件现场的处置工作，研判形势、决定重大处置措施。

突发群体性事件专项应急领导小组办公室启动应急值班，开展信息汇总和报送工作，及时向应急领导小组汇报，与政府职能部门联系沟通，协助开展新闻发布工作。主要负责人迅速赶赴现场，了解引发事件的起因和有关情况，提出工作方案，直接指挥现场处置工作，并带头与有关处室负责人面对面地做群众工作，迅速研究当事人的合理要求，提出解决方案，及时疏导化解矛盾和冲突，尽快平息事态。开展疏导、劝解工作。

各相关处室按照本处室的应急工作职责开展相应应急行动。应急领导办公室按"信息报告"的要求收集、汇总并向上级单位、政府有关部门报送应急工作信息报告。

（2）Ⅱ级应急响应。"一基地一中心"所辖范围内发生Ⅲ级、Ⅳ级事件时，启动Ⅱ级应急响应。相关处室启动本突发群体性事件响应后，应立即向"一基地一中心"应急办公室报告；应急办公室接到事件响应上报后，立即收集汇总相关信息，分析研判，报"一基地一中心"应急领导小组；应急领导小组研究决定事件响应等级，宣布启动Ⅱ级应急响应。

"一基地一中心"应急领导小组授权相关负责处室领导应急指挥工作。应急办公室启动应急值班，负责信息汇总和报送工作，及时向"一基地一中心"应急领导小组汇报，协助开展新闻发布。各相关处室按照处室应急工作职责开展相应应急行动。"一基地一中心"应急领导办公室按"信息报告"的要求收集、汇总并向上级单位、政府有关部门报送应急工作信息报告。

3. 应急处置

（1）一般原则。启动Ⅰ级或Ⅱ级应急响应后，"一基地一中心"应急指挥机构应按照"保人身、保安全、保设备"原则，调动"一基地一中心"各层面应急机构和应急资源，及时开展各项应急处置工作。

（2）信息报告。采取"一基地一中心"报送的原则。大规模群体性事件信息应立即（最迟不得超过 30 分钟）上报"一基地一中心"，同时通报各相关处室。

"一基地一中心"有关处室和事发地单位应及时派员赶赴现场，核查、了解、研究并续报有关信息。

信息收集和报送应做到及时、客观、全面、准确。

信息报送内容包括：①事件发生的时间、地点和现场情况。②事件的经过、参与人员数量和估计的人员伤亡数、财产损失情况。③事件发生的原因分析。④事件发展趋势的分析、预测。⑤事件发生后已经采取的措施、效果及下一步工作方案。⑥其他需要报告的事项。

信息可通过电话口头初报，随后采用传真、计算机网络等载体及时报送书面报告和现场音像资料。与此同时主动与政府处室联系沟通，通报信息、完成相关工作。

（3）预测、分析与研判。发生突发性群体性事件时，各相关处室应积极采集信息，多方协调，对危机发生的状态、持续时间以及有可能造成的各种损失进行预判，制定切实可行的临时应急方案。应急领导小组应指派专门人员随着事态的发展进一步细化各相关应急措施，明确责任，以尽快结束事件，减少损失。

4. 应急协调

"一基地一中心"应急工作领导小组视事态发展、事件的危害程度和社会影响等综合因素，研究决定是否调整事件响应级别，并根据调整后的相应级别启动相应的应急处置方案。在事件发生过程中应积极与政府部门和各方媒体进行沟通，充分借助各方资源，尽快平息事件，同时加大媒体宣传，避免造成负面影响。

5. 评估分析

负有相关责任的处室和个人应组织开展事件的损失评估工作，认真剖析引发事件的原因和责任，对于本次应急处置的结果进行详细的评估，同时对下一步危机可能进一步发展的轨迹进行详尽分析与预判，健全完善行动方案。

6. 应急结束

当同时满足以下条件时，由"一基地一中心"突发群体性事件应急领导小组决定终止事件响应，并发布终止命令。

（1）突发群体性事件警报已解除。

（2）办公秩序得以正常进行。

二、打架斗殴、流氓滋扰、聚众闹事事件处置应急预案

（一）总则

1. 适用范围

本预案适用于打架斗殴、流氓滋扰、聚众闹事的应急处置工作。

2. 应急处置基本原则

（1）以人为本，预防为主。保证"一基地一中心"客人和员工的人身安全，结合应急工作的特点，最大限度预防和减少紧急情况造成的影响和损失。贯彻预防为主的思想，防患于未然。增强忧患意识，坚持预防与应急相结合，做好应对突发事件的各项准备工作。

（2）快速反应，协调应对。充分发挥处室整体优势，建立上下联动、区域协作的快速响应机制，对内做好应急处置工作，对外做好与其他处室的有效沟通，整合内外部应急资源，共同开展突发事件处置工作。

（二）应急响应

报警程序如下：

（1）报警：一旦发现打架斗殴等治安事件，在场服务员及时报安全环境处。

（2）报案人要讲明发案时间、地点、人员等具体情况。

（3）警卫人员接到命令后及时赶到现场，将有关人员带到安全环境处处理。

（4）警卫人员检查现场。

（5）及时向"一基地一中心"领导报告，在得到通知后，向"110"报警，请警察协助处理。

（6）警卫人员协助现场服务员恢复经营秩序。

三、维稳事件处置应急预案

（一）总则

1. 适用范围

本预案适用"一基地一中心"突发性非正常群体上访、越级上访事件及突发性重点问题。

2. 应急处置基本原则

（1）处室管理、分级负责，谁主管、谁负责。事前预防与事后应急相结合。

（2）宜散不宜聚、宜解不宜结、宜快不宜慢、宜缓不宜激。讲究策略，注意方式，正确做好上访事件现场处理工作。

（3）快速反应、科学应对。及时就地依法解决问题与思想疏导教育相结合。

（4）内紧外松，内外有别。对内要及时掌握信息迅速研判，做好正面教育引导工作，尽最大努力化解矛盾；把握正确舆论导向，严格控制报道程序和范围，统一口径，避免事态无序扩大。

（二）应急响应

1. 提高对维稳工作重要性的认识

建立工作责任制和责任追究制，各处室主要负责人是本处室维稳工作的第一责任人，要管好自己的人，看好自己的门，办好自己的事，确保稳定工作万无一失。

2. 建立维稳工作协调联动机制

维稳工作领导组负责统一组织，协调和领导本单位维稳工作，各处室要密切配合，各司其职，形成合力。凡是涉及维稳的工作，分管领导、处室主要负责人必须在第一时间做出反应，不折不扣地执行维稳工作领导小组的工作指令。

3. 认真做好排查走访工作

要关心干部职工生活，重视干部职工的利益问题，特别要关心弱势群体，在力所能及的范围内帮助他们解决实际困难。认真查找本单位不稳定因素，堵塞漏洞，做好特殊群众摸底调查，及时掌握情况，做到早发现、早报告，早介入、早化解，把问题消灭在萌芽状态。

四、住店宾客丢失财物事件处置应急预案

（一）总则

1. 适用范围

本预案适用"一基地一中心"应对和处置宾客财物突发情况，指导和组织客房部系统开展对宾客财物丢失处理等工作。

2. 应急处置基本原则

保障宾客财产安全。

（二）应急响应

1. 报案处理

（1）住店客人财物丢失报客房服务处，客房服务处处长通知安全环境处。

（2）安全环境处接到报案后，由安全环境处处长派人或由值班主管携带好访问笔录纸等所需用具迅速赶到。

（3）认真听取失主对丢失财物过程各个细节的说明，详细询问丢失物品的特征。

（4）通知有关处室、岗位的领导并留下与丢失案件有关的人员。

（5）客人明确要求向公安机关报案或丢失物品财务数额价值较大时，安全环境处应在征得总经理同意后报告公安机关，同时保护好现场，即在公安人员到来之前，现场不许任何人进出，不许移动拿走或放入任何物品。

2. 现场处理

（1）失主不要求报公安机关或公安机关未到现场时，安全环境处随同失主和现场所属处室处长迅速赶赴现场。

（2）到达现场后，首先查看现场是否遭到破坏，并划定警戒线，保护好现场，进行拍照。

（3）认真听取失主对丢失过程的陈述。

（4）查看失主物品被翻动的情况，注意发现有无犯罪分子遗留或抛弃的物品，并及时提取现场证据以备鉴定。

（5）如需提取客人物品作鉴定，必须征得客人同意。

3. 做好访问笔录

（1）首先查验失主证件是否与持证人一致。

（2）详细记录失主的个人情况，丢失物品的准确时间、地点、物品的特征和新旧程度，以及最后见到物品的时间。

（3）详细记录丢失物品前是否有人来过房间，如亲朋探望、客房服务等情况，失主有无怀疑的具体对象、怀疑的根据等，并记录失主要求，如开具丢失证明或要求赔偿。

4. 仔细检查现场

（1）对床上床下、衣柜里外、沙发、浴室等处都要查到。

（2）征得客人同意后对其行李物品进行查找。

（3）对楼道里的服务车和其他有关部位也要检查。

5. 调查处理

（1）对案件涉及人员进行谈话，调查了解案发时的情况。

（2）对物品丢失时的当班人员进行逐一谈话。

（3）通过调查排出的重点嫌疑人员，要尽快取证，做到情节清楚，准确无误。

（4）调查处理时，要摆事实、讲道理、重证据、严格注意政策。

（5）拿出处理意见，经领导批准后执行。

6. 拾遗客人物品的处置程序

（1）宾客或员工交来拾获的遗失或遗留物品，要一一登记清楚，并报告安全环境处。

（2）拾遗物品的处理，如拾遗物品中有证件能提供失主的详细地址的，可通知失主前来认领，但要问明情况，如是贵重失物，还要查对失主的有效证件，确实无误后，由失主签收领回。如是一般物品，有可能是宾客或员工遗失的，可公告认领。如属于违禁品，应登记后，送交安全环境处或公安机关处理。

（3）对拾遗物品不能挪用，更不能私吞，违者要受到纪律处分，情节严重的，以贪污论处并送交公安机关处理。

五、保密工作应急预案

（一）总则

1. 适用范围

本应急预案适用于"一基地一中心""突发性保密事件"，主要指突然发生并严重危及党和国家的秘密事项，以及危及企业的商业秘密。需要各处室立即采取应对措施，并加以处理的保密文件。如泄密事件、窃密事件、涉密载体失控、涉密人员失踪、出现重大失（泄）密隐患等事件。

2. 应急处置基本原则

加强"一基地一中心"保密管理工作，推进保密工作全面开展，强化员工保密意识。

（二）失泄密

1. 发生失泄密事件

各处室工作人员发现国家秘密、企业商业秘密、宾客秘密被泄露或可能泄露时，应当及时制止、举报，并采取相应的应急补救措施。事件发生后，相关责任人应立即向"一基地一中心"负责人报告，绝密级内容泄露时应立即上报，机密级内容泄露时应在 8 小时内报告，秘密级内容泄露时应在 24 小时内报告。

2. 涉密人员失踪

发现人应向保密委员会总经理报告并向保密办公室备案，"一基地一中心"立即组织核实情况，追查失踪人员携带涉密载体情况，及时报"一基地一中心"领导。

3. 现场应急处理程序

（1）现场第一发现人接到突发事件报告后保密办公室相关人员须立即赶赴事发现场，积极组织补救，控制事态发展，同时向"一基地一中心"领导报告情况。

（2）当事人及保密办公室人员应报告事发时间、地点、有关责任人，事件的经过和直接损失，对突发事件的原因、性质的初步判断，已采取的措施，需有关处室协助解决的问题等。

（3）保密办公室及时组织开展事件调查，根据事件性质汇报保密委员会并相关司法机关和上级机关。

（4）如在外地发生泄密事件，立即汇报保密委员会，责成当事人立即采取措施，需要报案的由当事人向当地公安机关报案。保密办公室根据情况，在24小时内做出是否派人前往事发地协助处理的决定。

（5）在事实没有弄清之前先采取有效措施防止信息扩散，以免造成其他不安定因素。

4. 事后处置措施

（1）突发事件调查。突发事件发生后，当事人要积极协助保密办公室等处室进行突发事件调查，任何人不得隐瞒真实情况。

（2）突发事件监控。突发事件发生后，业务主管处室、保密办公室要全程跟踪事件调查处理过程，监控整个事态发展，并及时向保密委员会汇报情况。

5. 响应结束

（1）突发性保密事件处理工作已基本完成，所带来的危害被基本消除或已有明确结论，应急处理工作即告结束，进入查处阶段。

（2）突发性保密事件应急处理工作结束后，负责事件处理的相关负责人须将保密应急处理工作的总结报保密办公室。

6. 查处

（1）成立事件原因调查小组，组织专家调查和分析事件发生的原因和发展趋势，预测事故后果，对相关责任处室和责任人提出处理意见，形成总结报告，报保密委员会。

（2）保密委员会根据以上报告，组成事件调查组，协助上级单位对整个事件进行处理。

（三）公文的保密制度

（1）对秘密公文要分类进行登记，并由专人保管，加锁存放；上级党政领导机关下发的公文（含文件、资料、内部资料），按原件所标定的密级管理。

（2）传阅秘密公文必须严格履行签字手续，阅文必须在办公室，严禁将秘密公文带回家中。秘密级以上公文必须在当日传阅完毕交回机要员保管。

（3）外出开会不得携带秘密公文，特殊情况必须经保密委员会总经理批准，并采取必要的安全措施。在会议上发的安全公文，会后应及时收回。

（4）"一基地一中心"内形成的公文含有国家秘密，应按其所含国家秘密的原密级确定；内部使用的文件、资料应标明"内部使用"、"内部资料"等字样，按秘密公文管理。

（5）凡是印制秘密公文，必须经主管领导批准，并报保密办公室备案，起草文稿时承办处室必须注明密级和保密期限（非正式文件应在首页的左上角注明）。

（四）会议区域保密措施

（1）会议宾客将会议资料运抵会议场所后，由专人进行签收，陪同宾客检查会议资料的包装是否完整，同时清点资料数量，专室进行保管。

（2）会议期间按照宾客的要求，进行网络信号、手机信号屏蔽等操作，如有录音录像服务，应按宾客的要求进行相应的处理，会场服务人员不得将会议的内容外传。

（3）会后帮助宾客收集会议资料，清点数量，如有遗漏，及时联系会务并交还。

（五）客房区域保密措施

（1）接待前确定专职服务员，专人专盯，无特殊情况不得变更。

（2）服务员不得向任何人泄露住店客人信息，包括姓名、职务、年龄等。

（3）整理房间时不得随意翻动客人物品，不得随意将客人散落的物品当作垃圾处理。

（4）认真填写房间清扫表，做到真实一致。

（5）客人退房后认真检查房间，发现遗留资料及时上交房务中心，待房务中心征询客人或会务处理意见后方可按客人意见处理资料。

（6）收集的重要宾客客史资料第一时间交到房务"一基地一中心"，房务"一基地一中心"专人负责重要宾客客史资料的管理，不得将客史资料随意外泄或挪作他用。

（六）前厅区域保密措施

（1）对于印制的秘密文件，除指定人员外，无关人员不得接触。

（2）印制秘密文件时，严格按照领导批准的份数执行，不得擅自多印多留、自行处理。

（3）不得随意泄露住店客人的个人资料、姓名、房号等个人信息。

附录 授权事项列表

序号	末级流程名称	授权事项编号	授权事项名称	授权标准	授权标准属性	是否属于重要决策事项	重要决策事项类型	重要决策事项小项	被授权主体
1	印章启用管理	ZHSQ-01	刻制印章批准	由本单位批准刻制印章	定性	否	/	/	"一基地一中心"
2	印章使用管理	ZHSQ-02	印章使用申请审批	由本单位印章使用申请使用文件	定性	否	/	/	"一基地一中心"
3	"三重一大"事项管理	ZHSQ-03	"三重一大"决策事项	由本单位通过集体决策程序审批相关事项	定性、定量	是	"三重一大"事项	符合"一基地一中心""三重一大"决策事项规定范围的事项	"一基地一中心"
4	组织机构设置管理	ZHSQ-04	组织机构设置文件审批	由上级单位审批机构设置申请文件	定性	是	重大决策事项（人力资源）	组织机构设置	上级单位

续表

序号	末级流程名称	授权事项编号	授权事项名称	授权标准	授权标准属性	是否属于重要决策事项	重要决策事项类型	重要决策事项小项	被授权主体
5	岗位设置管理	ZHSQ-05	岗位设置及人员配置需求申请文件审批	由上级单位审批地岗位设置及人员配置需求申请文件	定性	是	重大决策事项（人力资源）	机构设置	上级单位
6	休假管理	ZHSQ-06	员工休假管理申请文件	由本单位审批地员工休假管理申请文件	定性	否	/	/	"一基地一中心"
7	招聘管理	ZHSQ-07	招聘需求申请文件审批	由本单位审批地招聘需求申请文件	定性	否	/	/	"一基地一中心"
8		ZHSQ-08	招聘人员入职资格审批	由本单位审批招聘人员入职资格审批	定性	否	/	/	"一基地一中心"
9	入职管理	ZHSQ-09	入职员工资料审核、劳动合同签订及员工培训等入职事宜	由本单位完成入职员工资料审核、劳动合同签订及员工培训等入职事宜	定性	否	/	/	"一基地一中心"
10	绩效考核与薪酬管理	ZHSQ-10	全体员工月度绩效工资统计表和各处室的工资发放汇总表审批	由本单位审批全体员工月度绩效工资统计表和各处室的工资发放汇总表	定性、定量	是	重大决策事项（人力资源）	各处室、公司负责人业绩考核事项；其他涉及员工切身利益的重大事项	"一基地一中心"
11	临时用工管理	ZHSQ-11	劳务用工需求文件审批	由本单位审批劳务用工需求文件	定性	否	/	/	"一基地一中心"

续表

序号	末级流程名称	授权事项编号	授权事项名称	授权标准	授权标准属性	是否属于重要决策事项	重要决策事项类型	重要决策事项小项	被授权主体
12	党员管理	ZHSQ-12	入党积极分子的培养、教育和考察，《入党志愿书》审批	由上级单位党委审批《入党志愿书》	定性	否	/	/	上级单位
13		ZHSQ-13	预备党员转正申请文件审批	由上级单位党委审批预备党员转正申请文件	定性	否	/	/	上级单位
14	组织生活管理	ZHSQ-14	所有支委检视剖析材料、检视问题清单、其他党员的发言提纲材料审核	由本单位审核所有支委检视剖析材料、检视问题清单、其他党员的发言提纲材料	定性	否	/	/	"一基地一中心"
15		ZHSQ-15	党支部班子测评表和民主评议党员评表评定	由本单位评定党支部班子测评表和民主测评党员测评表	定性	否	/	/	"一基地一中心"
16	宣传管理	ZHSQ-16	新闻稿件审核	由上级单位审核新闻稿件	定性	否	/	/	上级单位
17	迎审与问题整改管理	ZHSQ-17	迎审工作安排及配合	由本单位安排及配合迎审工作	定性	否	/	/	"一基地一中心"
18		ZHSQ-18	问题整改完成情况监督	由上级单位监督问题整改完成情况、审定整改落实报告	定性	否	/	/	上级单位

续表

序号	末级流程名称	授权事项编号	授权事项名称	授权标准	授权标准属性	是否属于重要决策事项	重要决策事项类型	重要决策事项小项	被授权主体
19	全面预算编制与审批管理	CWSQ-01	年度全面预算审批	由国网总部产业部审批本单位年度全面预算	定性、定量	是	重大决策事项（重要部署）	预算安排及调整	国网总部
20	预算下达分解管理	CWSQ-02	内部预算分解下达	由本单位执行内部预算分解下达	定量	否	/	/	"一基地一中心"
21	日常预算调整管理	CWSQ-03	各处室日常预算调整申请文件审核	由本单位审核日常预算调整申请文件	定性、定量	否	/	/	"一基地一中心"
22	员工借款管理	CWSQ-04	员工借款申请	由本单位审批员工借款申请	定性、定量	否	/	/	"一基地一中心"
23		CWSQ-05	发票开具审批	由本单位审批发票开具申请	定性、定量	否	/	/	"一基地一中心"
24	往来核算管理	CWSQ-06	银行到账信息、认款数据审核	由本单位核对银行到账信息、认款数据	定量	否	/	/	"一基地一中心"
25		CWSQ-07	手工账务调整申请审批	由本单位审批手工账务调整申请审批	定量	否	/	/	"一基地一中心"
26		CWSQ-08	应收账款催收、坏账计提	由本单位完成应收账款催收、坏账计提	定量	否	/	/	"一基地一中心"
27	会计档案管理	CWSQ-09	会计档案定期整理并归档保管	由本单位定期整理	定性	/	/	/	"一基地一中心"
28	年终决算财务报表填报管理	CWSQ-10	年终决算财务报表审批	由上级单位审批年度财务决算报表	定性、定量	是	重大决策事项（重要部署）	年度财务决策	上级单位

续表

序号	末级流程名称	授权事项编号	授权事项名称	授权标准	授权标准属性	是否属于重要决策事项	重要决策事项类型	重要决策事项小项	被授权主体
29	银行账户设立管理	CWSQ-11	银行账户开立审批	由上级单位审批本单位银行账户开立	定性	否	/	/	上级单位
30	银行账户变更管理	CWSQ-12	银行账户变更审批	由本单位审批本单位银行账户变更	定性	否	/	/	"一基地一中心"
31	银行账户撤销管理	CWSQ-13	银行账户撤销审批	由本单位审批本单位银行账户撤销	定性	否	/	/	"一基地一中心"
32	银行预留印鉴管理	CWSQ-14	印鉴使用登记簿抽查	由本单位定期抽查印鉴使用登记簿	定性	否	/	/	"一基地一中心"
33	现金盘点管理	CWSQ-15	库存现金监盘	由本单位监督本单位现金盘点	定性、定量	否	/	/	"一基地一中心"
34	资金支付（费用报销）管理	CWSQ-16	资金支付（费用报销）审批	由本单位审批本单位资金支付（费用报销）	定性、定量	否	/	/	"一基地一中心"
35	增值税纳税申报管理	CWSQ-17	增值税纳税申报审核	由本单位审核增值税纳税申报	定性、定量	否	/	/	"一基地一中心"
36	企业所得税纳税申报管理	CWSQ-18	企业所得税纳税申报审核	由本单位审核企业所得税纳税申报	定性、定量	否	/	/	"一基地一中心"
37	个人所得税代扣代缴管理	CWSQ-19	个人所得税代扣代缴审核	由本单位审核个人所得税代扣代缴	定性、定量	否	/	/	"一基地一中心"
38	印花税计提及缴纳管理	CWSQ-20	印花税计提及缴纳审批	由本单位审批印花税计提及缴纳	定量	否	/	/	"一基地一中心"
39	采购计划管理	WZSQ-01	采购计划初稿审定	由上级单位审定初稿	定性	否	/	/	上级单位

续表

序号	末级流程名称	授权事项编号	授权事项名称	授权标准	授权标准属性	是否属于重要决策事项	重要决策事项类型	重要决策事项小项	被授权主体
40	采购实施管理	WZSQ-02	采购文件初稿审定	由上级单位审定初稿	定性	否	/	/	上级单位
41	合同审核与签署管理	WZSQ-03	采购合同审批	由审议中心审批采购合同	定性、定量	否	/	/	"一基地一中心"
42	固定资产新增管理	WZSQ-04	固定资产零星购置计划初稿审定	由上级单位审定初稿	定性、定量	否	/	/	上级单位
43	无形资产新增管理	WZSQ-05	无形资产购置审批	由本单位审批《无形资产购置申请表》	定性、定量	否	/	/	"一基地一中心"
44	低值易耗品新增管理	WZSQ-06	低值易耗品零星购置计划初稿审定	由上级单位审定初稿	定性、定量	否	/	/	上级单位
45	固定资产报废管理	WZSQ-07	固定资产报废审批初稿审定	由上级单位审定初稿	定性、定量	否	/	/	上级单位
46	固定资产盘点管理	WZSQ-08	固定资产盘点表初稿审定	由本单位完成	定性、定量	否	/	/	"一基地一中心"
47	入库出库管理	WZSQ-09	入库出库管理审定	由本单位审批入库出库单	定性、定量	否	/	/	"一基地一中心"
48	用车计划申请管理	WZSQ-10	用车申请单（派车单）审批	由本单位审批用车申请单（派车单）	定性、定量	否	/	/	"一基地一中心"
49	车辆保养维护管理	WZSQ-11	车辆保养维护申请、审批	由本单位审批车辆保养维护申请	定性、定量	否	/	/	"一基地一中心"
50	出入管理	AQSQ-01	人员、车辆出入情况管理与登记	由本单位管理与登记人员、车辆出入情况	定性	否	/	/	"一基地一中心"

续表

序号	末级流程名称	授权事项编号	授权事项名称	授权标准	授权标准属性	是否属于重要决策事项	重要决策事项类型	重要决策事项小项	被授权主体
51	施工现场日常安全检查管理	AQSQ-02	施工现场日常安全情况检查与记录	由本单位检查与记录施工现场日常安全情况	定性	否	/	/	"一基地一中心"
52	劳保用品采购与发放管理	AQSQ-03	劳保用品发放的请示签报文件审批	由本单位审批劳保用品发放的请示签报文件	定性	否	/	/	"一基地一中心"
53		AQSQ-04	劳保用品采购文件审批	由本单位审批劳保用品采购文件	定性	否	/	/	"一基地一中心"
54	消防中控室接警报警管理	AQSQ-05	消防中控室接警报警管理	由本单位管理消防中控室接警报警	定性	否	/	/	"一基地一中心"
55	会务接待与服务管理	YWSQ-01	会务接待与服务相关工作的部署安排	由本单位部署安排会务接待与服务相关工作	定性	否	/	/	"一基地一中心"
56	食材采购与菜品制作管理	CYSQ-01	食材采购申请文件审批与菜品制作	由本单位审批食材采购申请文件及菜品制作	定性	否	/	/	"一基地一中心"
57	布草清洗与发放管理	KFSQ-01	布草清洗与发放管理	由本单位完成	定性	否	/	/	"一基地一中心"
58	客房日常保洁管理	KFSQ-02	客房日常保洁工作	由本单位完成	定性	否	/	/	"一基地一中心"
59	日常维修管理	YXSQ-01	电器、水管、家具等基础设施设备日常维修管理工作	由本单位完成	定性	否	/	/	"一基地一中心"

续表

序号	末级流程名称	授权事项编号	授权事项名称	授权标准	授权标准属性	是否属于重要决策事项	重要决策事项类型	重要决策事项小项	被授权主体
60		YXSQ-02	年度空调维保、电梯维保、油烟管道清洁、排污管道清理等基础设施设备采购需求签报文件审批	由本单位审批年度空调维保、电梯维保、油烟管道清洁、排污管道清理等基础设施设备采购需求签报文件	定性	否	/	/	"一基地一中心"
61	定期专项检修管理	YXSQ-03	基础设施设备专项检修供应商审定确认及合同签订	由本单位审定确认基础设施设备专项检修供应商及合同签订	定性、定量	是	重大项目安排事项	生产辅助大修;年度预算、年度需求计划内30万元及以上的重大项目;其他重大项目	"一基地一中心"
62	生活缴费管理(水费、电费、暖气费、燃气费、有线电视费管理)	YXSQ-04	生活缴费(水费、电费、暖气费、燃气费、有线电视费)报销申请文件审批	由本单位审批本单位生活缴费(水费、电费、暖气费、燃气费、有线电视费)报销申请文件	定性	否	/	/	"一基地一中心"

续表

序号	末级流程名称	授权事项编号	授权事项名称	授权标准	授权标准属性	是否属于重要决策事项	重要决策事项类型	重要决策事项小项	被授权主体
63		YXSQ-05	关于工程施工需求报文件签报审批	由本单位审批关于工程施工需求签报报文件	定性	否	/	/	"一基地一中心"
64	工程施工管理	YXSQ-06	供应商选择及施工合同签订	由本单位组织完成供应商选择及施工合同签订	定性	否	/	/	"一基地一中心"
65		YXSQ-07	施工现场监督及竣工验收	由本单位完成施工现场监督及竣工验收的相关工作	定性	否	/	/	"一基地一中心"